GYMNASTIQUE DES POUMONS

LA
MUSIQUE INSTRUMENTALE
AU POINT DE VUE
DE L'HYGIÈNE
ET LA CRÉATION DES
ORCHESTRES FÉMININS

PARIS. — IMP.-LITH. DE MARY ET BRIET RUE ROCHECHOUART, 70.

(TYP. DONNAUD.)

GYMNASTIQUE DES POUMONS.

LA MUSIQUE INSTRUMENTALE

AU POINT DE VUE

DE L'HYGIÈNE

ET LA CRÉATION DES

ORCHESTRES FÉMININS

PAR

M. Alphonse SAX Junior

PARIS
CHEZ L'AUTEUR, RUE D'ABBEVILLE, 5 *BIS*,
ET CHEZ LES PRINCIPAUX LIBRAIRES

1865

AVANT-PROPOS.

Jamais, on peut le dire, les mots de civilisation et de progrès n'ont été plus souvent prononcés, ni plus hautement invoqués qu'à l'époque où nous vivons. C'est que jamais non plus la nécessité du progrès dans la civilisation n'a été plus énergiquement affirmée par l'état de la société ; à ce point que la loi en a pénétré dans toutes les consciences et y a du même coup implanté la notion d'un devoir dicté par les légitimes exigences de l'humanité. Les vieilles choses jugées insuffisantes, les traditions de la routine à jamais condamnées par leur impuissance, demandent à être remplacées par des institutions nouvelles, plus jeunes à la fois et plus larges, s'harmonisant mieux surtout avec les idées et les mœurs de notre temps, répondant enfin d'une manière plus complète aux besoins d'une société qui n'a pas cessé de marcher.

Telle est la loi, et personne aujourd'hui n'oserait la

contester. Pour moi, qui m'incline humblement devant elle, je me borne à l'indiquer ici, sans avoir autrement l'intention de l'approfondir, ni d'en tirer toutes les conclusions que pourrait comporter un pareil examen. J'ai cru devoir seulement la rappeler, parce que c'est d'elle que découle l'idée exposée dans les pages qui vont suivre, et parce qu'elle explique pourquoi cette idée a pu enfin, malgré d'inconcevables difficultés, sortir de la théorie et entrer dans les voies de la réalisation.

A ce propos, qu'on me permette encore une réflexion. Personne, ainsi que je l'ai dit plus haut, n'oserait contester, à cette heure, la nécessité de perfectionner autant que possible notre civilisation, essentiellement et inévitablement perfectible; l'urgence d'accomplir certains progrès est même si généralement reconnue, que tout le monde, sans excepter les esprits en apparence les plus rebelles, y travaille dans une certaine mesure, quelques-uns parfois y apportant leur pierre presque malgré eux. Comment donc, puisqu'il en est ainsi, expliquer les murmures de réprobation qui s'élèvent de toutes parts pour repousser, avant même qu'elles aient pris un corps, les idées nouvelles signalées à l'horizon, étouffer les conceptions, les inventions, les projets de tant d'hommes qui, au fond, n'ont en vue que le bonheur de l'humanité? Comment se fait-il qu'au lieu d'aider ces hommes à rendre à leur pays, ou plutôt à la grande famille humaine, de si précieux services, on semble prendre à tâche de les dénigrer, de les dégoûter, de leur nuire, jusqu'à ce qu'on les tue enfin, eux et ce qu'ils apportaient au monde, — quelque germe fécond, sans doute, qui ne demandait qu'un peu de patience et de bienveillant appui pour mûrir et donner ses fruits? Pourquoi, enfin, ce mot cruel d'*utopie*, qualification perfide incessamment appliquée à des œuvres qu'on ignore la plupart du temps, et auxquelles l'événement, nous l'avons tous vérifié, donnera raison peut-être plus tôt qu'on ne le pense?

Explique qui voudra ces contradictions, ces résistances opiniâtres qui entravent à tout moment la marche déjà si lente des hommes de progrès et trop souvent les empêchent de réussir, de mettre au jour leurs idées, de doter l'humanité de leurs découvertes pour longtemps perdues. Heureusement, et c'est là la grande consolation, les hommes auxquels il a été donné de concevoir et de marcher les premiers ont en même temps reçu les qualités nécessaires à l'accomplissement de leur tâche : la ténacité, le courage, le désintéressement, la patience, qui leur permettent de ne regarder que le but et de continuer leur route sans se soucier des obstacles amoncelés sous leurs pas, ni se laisser distraire ou effrayer par les rumeurs jalouses qui ne cessent de gronder autour d'eux. Fortifiés en secret par une ferme conviction, par une espérance robuste, ils vont, l'œil fixé en avant, creusant lentement mais sûrement leur sillon, et finissent par trouver la récompense de leurs efforts dans l'accomplissement même de leur œuvre. Quelques-uns, moins heureux, tombent parfois en chemin, pareils à ces navigateurs dont le bâtiment échoue à la veille d'entrer dans le port. Nobles victimes, disons-le, qui montrent la voie à suivre, le péril à éviter, et par là servent encore d'enseignement aux autres. Leur sort a son beau côté ; il a sa gloire aussi. Ce sont les martyrs de la science. Honneur à eux ! D'autres viendront ensuite, qui, marchant sur leurs traces, s'éclairant de leurs travaux, achèveront ce qu'ils avaient commencé, et, grâce à cette fraternelle union des uns et des autres, l'humanité, en définitive, ne perdra rien pour avoir attendu.

Ces réflexions, dont la rigoureuse vérité ne saurait être méconnue, je me suis personnellement trouvé à même, hélas! d'en apprécier toute la justesse. L'expérience en a été pour moi longue et cruelle, mais aussi ai-je conquis le droit d'être fier et de lever la tête, car il m'est permis aujourd'hui de proclamer bien haut le résultat acquis : les obstacles ont cédé devant moi, le chemin peu à peu s'est aplani sous mes pas, et le but que j'avais en vue a été atteint dans des proportions qui laissent maintenant la porte ouverte à une réalisation complète.

DE LA CRÉATION

DES

ORCHESTRES FÉMININS

ET

DE LEUR ORGANISATION

I.

Il y a environ trois ans que j'ai mis en avant un projet auquel j'avais le droit d'attacher quelque importance, car il était le fruit de longues et sérieuses réflexions. Il s'agit, on le comprend, de l'objet même du travail que je publie aujourd'hui, c'est-à-dire de la création et de l'organisation des orchestres féminins. Les critiques malveillantes, les sots commentaires, les épithètes ridicules, les criailleries et les rires ne m'ont point manqué tout d'abord. Je m'y attendais ; mais j'avais compté aussi sur d'intelligentes adhésions, sur de bienveillants encouragements qui, eux non plus, ne m'ont pas fait défaut. Attaqué sans mesure par les uns, soutenu par quelques autres, plein de confiance dans l'excellence de ma cause, j'ai continué de marcher. N'était-ce pas le meilleur moyen de prouver la possibilité du mouvement? Bientôt, en effet, l'événement, ainsi que me l'avaient fait prévoir les premiers résultats, a confirmé mes espérances, et je suis en mesure aujourd'hui de le démontrer victorieusement.

Cette démonstration, qui sera pour moi comme le couronnement de l'édifice, je ne tarderai pas à la faire, prenant en cela le public pour juge. Mais auparavant il me paraît nécessaire de rappeler, dans un exposé succinct, ce que j'ai eu en vue, ce que mes efforts ont réalisé, quels avantages sont attachés à l'adoption de mes idées, ce qu'en pensent enfin, au double point de vue de la théorie et de la pratique, les hommes compétents auxquels il a été donné de me voir à l'œuvre et d'examiner mes propositions. Tel est le but du travail que je prends la liberté de soumettre au public.

De ce travail, il est à peine besoin d'y insister, les divisions sont naturellement indiquées par la nature même du sujet. En effet, la création des orchestres féminins, ainsi que leur organisation, intéresse à la fois l'hygiène, l'art et la morale : c'est donc à ces trois points de vue que j'en devrai démontrer la raison d'être.

Faut-il ajouter que si je donne, dans mon examen, la priorité à l'hygiène, c'est que cette considération est vitale ? Quelle que soit l'importance qu'on doive attacher à l'art et à la morale, on est bien obligé de s'incliner d'abord devant cette condition inflexible, condition *sine quâ non*, de la santé humaine, car l'art et la morale sont forcément subordonnés à ce qui constitue l'existence de l'être qui devra les cultiver. Or, ce que je me propose de montrer jusqu'à l'évidence, c'est que la création des orchestres féminins, loin de porter la plus légère atteinte à la santé de la femme, ne peut, au contraire, que lui être essentiellement profitable. Je constaterai ensuite qu'elle n'est pas moins avantageuse pour l'art. Quant à la morale, elle aussi y trouve son compte, et dans une proportion si large, qu'à ce seul point de vue, la création des orchestres féminins apparaît comme un de ces rares et immenses bienfaits, un de ces inestimables trésors qu'on ne saurait trop se hâter d'accueillir et de développer, dans l'intérêt vrai de la société moderne et des générations appelées à recueillir son héritage.

II.

Personne, à coup sûr, n'ignore quelle puissance la Musique exerce sur l'âme humaine, comment et avec quelle force elle agit par rapport à l'imagination, dont elle se fait tantôt l'inspiratrice et tantôt l'interprète. Est-il une langue capable de traduire plus fidèlement nos sensations, et n'est-ce pas, comme je l'ai dit déjà dans une autre circonstance (1), l'écho naturel de nos douleurs et de nos joies ?

Cette puissance de la musique, Delille, le poëte de la nature, l'a merveilleusement comprise, et la poésie seule pouvait lui permettre de la définir ainsi :

> Dans ses noirs ateliers, sous son toit solitaire,
> Tu charmes le travail, tu distrais la misère.
> Que fait le laboureur conduisant ses taureaux
> Que fait le vigneron sur ses brûlants coteaux ?
> Le mineur enfoncé sous ses voûtes profondes ?
> Le berger dans les champs, le nocher sur les ondes
> Le forgeron domptant les métaux enflammés ?
> Ils *chantent*, l'heure vole, et leurs maux sont charmés.

Cette puissance reconnue et ainsi proclamée, il suffit d'en rechercher la source, d'en analyser les causes pour se convaincre qu'elle n'est pas exclusivement morale,

---

(1) Discours de réception prononcé à la Société des Sciences industrielles, Arts et Belles-Lettres de Paris.

mais aussi et tout d'abord physique. Il n'est pas douteux que l'action de la musique soit relative non-seulement à la volonté, au génie de celui qui exécute, mais encore à l'organisation, à l'état physiologique en même temps que moral de celui qui écoute. La musique agit sur le système nerveux des auditeurs. On sait quel effet produisent les sons sur l'organisme de certains animaux doués d'une sensibilité particulière ; il suffit de remonter l'échelle des êtres, classés selon leur degré de perfection, pour constater la production, sur l'organisme de l'homme, d'effets analogues donnant lieu à des résultats différents. Le fait suivant est la meilleure preuve de ce que j'avance.

Beethoven assistait à un bal; tout respirait la joie, lui seul était triste, car il ressentait les premières atteintes de cette surdité qui fit le malheur de sa vie. On le supplia de se mettre au piano; il refusa d'abord, sentant bien que des sons joyeux ne naîtraient pas sous ses doigts; mais il dut céder aux pressantes sollicitations de la foule. A mesure qu'il jouait, la profonde douleur dont il était accablé passait dans l'âme de ses auditeurs, et lorsqu'il s'arrêta, après avoir, pour ainsi dire, versé son âme sur les touches de l'instrument, il vit toute cette foule, naguère encore si souriante et si gaie, triste et sombre maintenant comme lui-même! Les femmes versaient des larmes, les hommes restaient silencieux. En vain l'orchestre fit entendre de joyeux accords : rien ne put ramener la gaieté, et bientôt la foule s'écoula en proie à de pénibles pensées.

Une pareille sensation n'a rien, après tout, de bien surprenant; il n'est pas difficile de s'en rendre compte et de comprendre qu'elle ait pu se produire. Mais s'il est dans la nature même de la musique d'en provoquer de semblables, ces sensations, il faut bien le dire, n'ont pas toujours le même caractère, ni les mêmes conséquences. Trop vives, comme dans le cas précédent, elles peuvent être nuisibles : elles déterminent, en effet, dans toute l'économie, un ébranlement accompagné de fatigue générale, ou une excitation fébrile qui chasse le sommeil, exalte les idées et finit par amener, chez les personnes très-nerveuses, d'assez graves accidents. Aussi, ces dernières doivent-elles éviter une musique trop dramatique, trop féconde en émotions, trop pathétique en un mot, et se laisser bercer par de douces mélodies, comme le sont celles de Paësiello et de Cimarosa. En agissant ainsi, on aura d'avance écarté tout danger.

Mais ce n'est pas tout : ce que j'indique ici a logiquement sa raison d'être, et je dois y insister afin de mieux poser la conclusion qui en découle. Du moment que la musique est apte, dans certains cas, notamment lorsqu'elle émane d'instruments à corde, à produire de fâcheux effets, n'est-il pas de toute évidence, les causes étant connues, qu'il suffira de modifier les conditions dans lesquelles elle se présente pour en changer aussi les résultats et mettre le bien à la place du mal? Et si l'on a soin de tenir compte de la différence des organisations, n'oubliant pas que ce qui convient à l'une est souvent défavorable aux autres, on comprendra sans peine qu'employée avec sagesse et modération, la musique, qui charme nos instants, calme nos chagrins, adoucit nos maux, puisse aussi guérir et exercer sur la partie physique de notre être une salutaire influence.

A ce point de vue, je pourrais citer de nombreux exemples, tous vraiment concluants; je n'en invoquerai qu'un seul, emprunté au docteur Descuret, dont l'expérience et les écrits font autorité :

« A la suite de vives affections morales, dit ce médecin, une jeune femme était plongée dans une profonde mélancolie qui minait sa constitution ; atteinte, en outre, de fréquentes hémoptysies, elle tomba bientôt dans un marasme effrayant, accompagné de convulsions et de syncopes qui duraient des heures entières. Les symptômes les plus alarmants faisaient présager sa fin prochaine, lorsque le professeur Alibert, son médecin, voulut voir si la musique, qu'elle aimait beaucoup, ne pourrait pas apporter quelque soulagement à ses horribles souffrances. Il s'entend, à cet effet, avec le célèbre Bénazet, qu'il enferme dans un cabinet attenant à la chambre à coucher. L'artiste commence par tirer de son instrument des sons doux et tristes qu'il juge en harmonie avec les sentiments de la malade. Celle-ci les a entendus, les a compris au milieu même de son délire, qui, de moment en moment, se calme d'une manière visible aux sons harmonieux du magique violoncelle. Ravi de ce premier résultat, Alibert va trouver M. Bénazet et lui demande des variations sur un air assez gai. Ce nouveau morceau, d'un mouvement plus rapide, est encore mieux goûté par la moribonde, dont la tête marque la mesure avec la plus grande précision. Une demi-heure s'est écoulée depuis l'instant où a commencé cette symphonie improvisée en quelque sorte sur le bord de la tombe ; cependant la tête ne bat plus la mesure avec la même régularité ; les traits deviennent moins mobiles ; les yeux, auparavant entr'ouverts et convulsés, se ferment peu à peu ; puis un sommeil paisible, favorisé par les sons harmoniques les plus suaves, s'empare de la malade, qui à son réveil présente un mieux inespéré. Le même moyen est répété pendant deux jours de suite avec le même succès, et, quelques semaines après, cette jeune dame était en pleine convalescence. »

Et maintenant avais-je tort de présenter ce fait comme entièrement concluant ? Ne parle-t-il pas assez haut en faveur de la thèse que je soutiens, et peut-on hésiter à s'y rendre quand on songe que, loin d'être isolé, ce n'est là qu'un exemple choisi entre mille ?

Des physiologistes célèbres, dont les observations font loi, se sont occupés de l'influence de la musique à ce même point de vue et, procédant par analyse, se sont efforcés d'en rechercher les causes. Selon Gall et Spurzheim, la puissance de la musique sur le système nerveux résulte de deux facultés, l'une qui se rattache aux *tons*, à la *mélodie*, l'autre qui procède du *temps*. Or, ce qu'on peut hardiment affirmer, c'est que cette double faculté est susceptible d'être dirigée et perfectionnée par l'éducation musicale. La musique devient alors, selon l'aptitude de l'individu qui s'y livre, un excitant plus ou moins puissant du système nerveux et, partant, de tout l'organisme. Ainsi s'explique la mort de la célèbre Malibran, la plus grande artiste de notre siècle, qui s'est éteinte, véritablement tuée par l'art, à l'âge de vingt-huit ans, et au bout de dix années de succès. La sensibilité de l'éminente cantatrice était extrême, toute spéciale. Chez elle, le système nerveux constituait, en quelque sorte, un *sonomètre vivant*. Aussi doit-on se figurer sans peine les effets ressentis par l'artiste sur la fibre nerveuse. Il eût été miraculeux qu'elle y résistât plus longtemps.

Le pouvoir de la musique une fois établi, étant reconnu en outre que, s'il est parfois pernicieux, il peut être, dans certaines conditions, favorable à la santé, n'est-il pas naturel de se demander d'abord pourquoi on ne travaillerait pas à l'utiliser, dans l'intérêt de tous, et ne convient-il pas ensuite de rechercher quelles conditions sont nécessaires pour atteindre ce but ?

Il est hors de doute que s'il est un intérêt qui s'impose avant tout autre à notre sollicitude, c'est celui qui a trait à notre existence même, celui qui a eu en vue l'amélioration de l'espèce humaine. Beaucoup de moyens ont été et sont encore employés tous les jours pour arriver à ce résultat, ce qui prouve l'importance qu'on y attache. On a grandement raison, au reste, car jamais il n'a été plus nécessaire d'y travailler, sous peine de voir la race s'abâtardir sans cesse et dépérir complétement. Ajoutons que c'est pour l'homme un impérieux devoir, le premier que lui impose la loi de nature, que de veiller à sa propre conservation. Enfin, ce qui est vrai pour l'individu ne l'est pas moins pour l'être collectif, les générations étant, dans leur ensemble, tout aussi solidaires les unes des autres que le fils l'est du père.

Les anciens paraissent avoir compris beaucoup mieux que nous le devoir dont je parle. On trouve partout des traces de leur sollicitude à cet égard, et les moyens employés par eux, pour n'être pas le dernier mot en cette matière, n'en méritent pas moins l'attention. On se rappelle les Lacédémoniennes, que l'on renfermait durant tout le temps de leur grossesse, les obligeant à la contemplation des statues d'Hercule et d'Apollon, afin qu'elles ne pussent mettre au monde que des enfants forts et beaux à la fois comme le héros de Némée et le dieu de Délos. Les jeux olympiques n'avaient pas d'autre objet, et, pour citer encore les Spartiates, on sait que les lois de Lycurgue leur faisaient une obligation d'exercer quotidiennement par la lutte les enfants et les jeunes gens des deux sexes. La danse était aussi cultivée dans le même but. Socrate en recommandait avec chaleur la pratique à ses concitoyens, et l'histoire romaine nous enseigne que Caton l'Ancien prit un maître à danser à l'âge de cinquante-neuf ans.

Tout cela n'était, au demeurant, que de la gymnastique attrayante, ayant pour effet de fortifier le système musculaire; mais, outre que les exercices gymnastiques ne sont que peu ou point profitables aux fonctions respiratoires, les plus essentielles et les plus précieuses de notre organisme, ils ont encore le défaut de n'être praticables, la plupart du moins, que par les hommes, c'est-à-dire par la portion de notre espèce qui, sous ce rapport, en a le moins besoin.

L'homme, en effet, naturellement plus fort que la femme, trouve encore dans les usages de la vie une infinité de moyens d'entretenir et de développer sa force. Il a les travaux manuels, l'activité des affaires, le déplacement continuel qu'elles entraînent, les courses, les voyages; il a les jeux de toutes sortes, qui nécessitent du mouvement et de l'action physique, le cheval, la chasse; il a le maniement des armes, la guerre, etc. La femme, elle, est condamnée à une inactivité, à un repos souvent absolus, qui ne font que l'affaiblir davantage et laissent chez elle le champ libre à tous les désordres hygiéniques. Ceci s'applique surtout aux femmes des classes élevées.

Cependant, au point de vue des fonctions reproductrices et de la conservation de l'espèce humaine, nul doute que la femme ne joue un rôle plus important que l'homme. L'enfant que la femme met au monde, c'est bien la chair de sa chair, son propre sang; c'est elle qui l'a porté neuf longs mois dans son sein, qui l'y a nourri de tous les principes de son être et qui, après qu'il a vu le jour, le nourrit encore de son lait pendant plus d'un an. Aussi, physiquement, ce qu'est la femme, l'enfant doit l'être, — telle mère, tel fils, — et l'on ne saurait trop faire, dans l'intérêt de l'espèce humaine, pour entretenir la femme dans un état de santé, de force, de puissance et de vigueur, relatif aux conditions de son sexe, qui lui permette de mettre au monde des enfants propres à faire des hommes, dans l'énergique et complète acception du mot.

J'ai eu occasion de dire, dans une lettre adressée au *Courrier médical*, — je reviendrai tout à l'heure sur ce point, — quelle heureuse influence, à mon avis, peut exercer sur la santé la pratique des instruments à vent de la part des deux sexes. Je ne crains pas d'ajouter ici que cette influence serait encore plus favorable à la femme qu'à l'homme.

Dans la constitution particulière de la femme, le jeu des organes respiratoires devient, en effet, plus important encore. Sa poitrine, privée du développement qui caractérise celle de l'homme, se trouve par là moins propre à la libre et régulière fonction des poumons. Dès lors, tout ce qui est de nature à faciliter cette fonction doit être considéré comme éminemment salutaire et hygiénique.

Mes affirmations, à cet égard, sont d'accord avec les constantes observations de la science. Les plus fréquentes indispositions de la femme sont celles qui résultent de la gêne des fonctions respiratoires. Ces indispositions sont généralement connues sous les noms d'oppressions, d'étouffements, de vapeurs. C'est une sorte de malaise général qui se précise par la difficulté de respiration. On ordonne habituellement, pour y remédier, la distraction, la promenade au grand air, à pied, en voiture, à cheval. Trop souvent ces remèdes sont inefficaces, et dans les cas où il leur arrive d'apporter un soulagement momentané, le mal ne tarde pas à revenir avec une nouvelle intensité. C'est qu'une femme ne peut pas toujours se distraire, encore moins se livrer à de fréquentes promenades à pied, en voiture, à cheval; c'est qu'enfin, le pût-elle, ces distractions et ces exercices ne constituent pas pour elle une suffisante gymnastique des poumons.

Eh bien! qu'elle se mette à apprendre, à étudier, à cultiver un instrument à vent, en cuivre préférablement; qu'elle le travaille une ou deux heures par jour, ce que lui permettent aisément les conditions sédentaires de son existence, et aussitôt sa poitrine se dilatera, sa respiration deviendra libre et puissante, et elle se trouvera à jamais débarrassée de cette légion d'indispositions et d'infirmités qui minent sa constitution, altèrent sa nature morale, aigrissent son caractère, troublent ses sens et son imagination, détruisent les charmes de son esprit et les agréments de sa personne, et finissent par la plonger dans l'insondable abîme des maladies, des fautes et des malheurs. Voilà les tristes extrémités à l'abri desquelles on voudrait voir la femme, contre lesquelles surtout on serait heureux de la garantir.

Je n'ignore pas, à la vérité, que de grosses objections, fort sérieuses en apparence, ont été faites, non en ce qui concerne l'application de la musique même comme moyen thérapeutique et hygiénique, mais contre l'emploi ainsi motivé des instruments de cuivre. Tel est précisément la question que j'ai traitée dans une lettre adressée, ainsi que je le disais il n'y a qu'un instant, au *Courrier médical*, et insérée dans son numéro du 6 septembre 1862. Je ne puis mieux répondre aujourd'hui à des objections déjà réfutées, et que bientôt on n'osera plus mettre en avant, qu'en reproduisant, avec ma lettre de 1862, les arguments qu'elle contenait et dont rien n'est venu atténuer la force.

MONSIEUR LE RÉDACTEUR,

J'entends répéter tous les jours, — et il paraît qu'en cela les médecins sont d'accord avec la croyance populaire, — que l'usage des instruments à vent, et particulièrement des instruments de cuivre, prédispose singulièrement à la phthisie pulmonaire.

Cette question, d'une si haute importance, n'a jamais été, j'ose le croire, soumise à un examen sérieux, et en cela, comme en bien d'autres choses, les auteurs se sont bornés à répéter ce qu'ils avaient lu ou entendu dire. Elle mérite bien pourtant qu'on s'en occupe, aujourd'hui surtout que la musique est, à juste titre, répandue dans toutes les classes de la société.

Je n'ai point la prétention de m'immiscer dans les choses de la médecine, — qui n'est point de ma compétence, — laissant aux hommes de l'art le soin d'approfondir la question ; je veux seulement combattre par des faits vrais une opinion que je crois erronée, et pour cela je viens vous prier de vouloir bien insérer ces quelques lignes dans vos colonnes.

Fils de facteur d'instruments à vent, facteur moi-même et instrumentiste, j'ai été pendant tout le cours de mon existence en rapport avec des milliers d'artistes jouant de ces instruments prétendus si pernicieux à la santé, et, cependant, trois seulement de ces artistes sont, à ma connaissance, morts de la poitrine. En outre, il importe d'ajouter, — et la chose fut constatée, — que ces malheureux ne furent point victimes de leur profession, mais bien des excès de toute nature auxquels ils s'étaient constamment adonnés.

Les personnes qui se livrent à la pratique des instruments à vent, se distinguent, en général, — et tout le monde peut en faire la remarque, — par une poitrine large et une carrure très-marquée des épaules, ce qui est, je crois, un signe non équivoque de vigueur. Dans ces bandes de musiciens ambulants qui parcourent nos villes, qui n'a vu des femmes jouant soit du cor, du cornet, de la trompette, soit encore du trombone ou de l'ophicléïde, et qui ne s'est aperçu que toutes ces musiciennes jouissent d'une santé parfaite et présentent un développement considérable du thorax?

Dans un orchestre, il est une remarque curieuse à faire: la corpulence, la vigueur sont le partage de ceux qui jouent les instruments à vent, tandis que la délibilité, la maigreur appartiennent aux disciples de Paganini. Avec plus de raison encore, on peut en dire autant des pianistes. Nous nommerons Listz, Littolf, Heller, Auguste Dupont, pour n'en citer que quelques-uns parmi les plus célèbres.

Enfin, si l'on veut me permettre de parler ici d'un exemple qui m'est personnel, je dirai que notre famille, composée de onze enfants, était condamnée, de par la Faculté, à succomber à la phthisie pulmonaire. La sinistre prédiction des médecins s'est réalisée pour huit d'entre nous, mais les trois autres, ceux qui dès leurs premières années ont soufflé dans un instrument à vent, restent pleins de vie et de santé, avec des apparences physiques qui leur promettent encore de longs jours.

Les artistes qui jouent d'un instrument à vent sont, en général, doués d'un excellent appétit, leur digestion est prompte et facile: aussi les voit-on souvent, après des repas copieux, jouer sans fatigue, sans le moindre malaise, et cela durant quatre et cinq heures. Si, par une cause quelconque, ils sont obligés de suspendre cet usage pendant un certain laps de temps, l'appétit se perd, l'estomac devient paresseux, les digestions laborieuses, et l'on constate la disparition de ce bien-être qui résulte du fonctionnement régulier des organes, et particulièrement de la respiration. Tous ces faits, je les ai constatés par moi-même.

En 1847, à la suite de circonstances exceptionnelles, je fus privé de ma flûte et de toute espèce d'instruments, pendant trois mois; je ne tardai point, par le manque de cet exercice des poumons auquel j'étais habitué, à tomber malade. Lorsque, la période aiguë de la maladie étant passée, je repris mon instrument, la convalescence s'opéra avec une telle rapidité, qu'elle étonna le savant docteur Requin qui alors me prodiguait ses soins.

Pour que l'usage des instruments à vent produise les bons effets que, selon moi, on doit en attendre, il importe que le professeur apprenne à ses élèves la manière de respirer. La respiration doit se faire à pleins poumons, d'abord parce que cette grande quantité d'air permettra une bonne exécution de la phrase musicale, et puis, parce que c'est par cette espèce de gymnastique que les organes respiratoires pourront acquérir de la force et de l'énergie.

Le piano, l'orgue, le violon forcent, à son insu l'artiste à resserrer sa poitrine, ils l'obligent à une contraction nerveuse très-grande. Dans une phrase musicale qui réclame du sentiment, de l'âme, l'exécutant semble vouloir faire passer sa propre vie à l'être inanimé qu'il tient sous sa main; il le rend, à sa volonté, triste ou gai; il le fait plein d'agitation et de ravissement, selon que lui-même est agité ou ravi; il s'identifie avec lui, et ils vivent plus l'un par l'autre, ils ne font qu'un. Ce n'est qu'à cette condition qu'il est nommé véritablement virtuose. Mais que lui coûte à remplir cette condition? Il a voulu faire passer sa vie dans son instrument, et ne croirait-on pas, en effet, qu'il ne vit plus, quand on remarque combien sa respiration est devenue haletante et gênée?

Ces graves inconvénients pour la santé n'existent pas, bien plus, ne peuvent pas exister pour ceux qui jouent des instruments à vent. Pour eux, en effet, et quelque pleine de sentiment que soit la phrase musicale qu'ils ont à rendre, la fonction des poumons est indispensable pour produire des sons.

Nous sommes si convaincu des résultats heureux que peut amener pour la santé l'exercice des instruments à vent, que nous voudrions même voir les femmes s'y adonner.

L'idée de femmes jouant des instruments à vent, surtout ceux de cuivre, tels que cor, cornet, trombone, vous paraîtra bizarre de prime abord. Vous m'objecterez qu'aucune dame ne voudra accepter notre nouveau système d'hygiène instrumentale, parce qu'aucune ne consentira même à perdre momentanément la grâce de sa physionomie en soufflant dans un instrument. Je ne crois point l'objection sérieuse. Outre qu'il n'est pas nécessaire de gonfler les joues autant que le font certains musiciens, — ce qui est un défaut résultant d'une mauvaise éducation artistique, — je ne vois rien là de disgracieux pour le beau sexe. Les grands peintres, — qui, vous me l'accorderez, avaient bien, en matière d'esthétique, des idées aussi justes que nous, — n'ont pas craint, dans un grand nombre de leurs immortelles compositions, de représenter certaines phalanges angéliques avec des trompettes aux lèvres, sans qu'il en résultât pour ces physionomies célestes rien de choquant ni de disgracieux. La Renommée n'est-elle pas représentée jouant de la trompette? Les divinités marines qui accompagnent le char d'Amphitrite ne soufflent-elles pas dans des conques marines? Les amours escortant la reine de Cythère ne chantent-ils pas ses louanges sur des instruments à vent? Les belles nymphes, enfin, qui courent à la suite de Diane chasseresse ne font-elles pas retentir les forêts au moyen d'instruments tout à fait semblables aux nouvelles petites trompes de mon invention?

Dans ses pérégrinations en Orient, la grande-duchesse

Constantin, rapportaient dernièrement les journaux, a visité le harem du sultan, à Constantinople, lequel renfermait à cette époque près de deux mille femmes. Après avoir traversé une série d'appartements richement meublés, la princesse entra dans la salle des concerts, pièce d'une magnificence vraiment féerique. A son grand étonnement, elle aperçut, au milieu de ce sanctuaire interdit même aux regards de l'autre sexe, un corps de musiciens militaires; c'étaient, qui plus est, de charmants jeunes gens avec un uniforme du meilleur goût : tunique rouge avec des galons d'or, pantalon blanc; pour coiffure, le fez avec une houppe d'or. La surprise de la grande-duchesse cessa lorsqu'on l'eut informée que ces musiciens militaires étaient des jeunes filles du harem.

De tout ce qui précède on doit conclure, je crois, que, si la pratique des instruments à corde est préjudiciable à la santé, surtout chez les personnes prédisposées aux affections de poitrine, la pratique des instruments à vent est, au contraire, de nature à prévenir ces affections, ou à en atténuer l'intensité chez ces mêmes personnes.

Pour me résumer, je dirai que l'exercice des instruments à vent est aux organes de la respiration ce qu'est aux membres l'exercice du gymnase. Pourquoi n'agirait-on pas à l'égard de ceux-là comme envers ces derniers, et même avec plus de sollicitude, puisqu'on vieillit sans bras ni jambes et qu'on ne peut vivre sans poumons?

Agréez, Monsieur le rédacteur, etc.

Alphonse SAX *junior*,
Facteur et Ingénieur en instruments de musique.

Voilà ce que j'écrivais au *Courrier médical* le 6 septembre 1862, et voici comment ce journal, dans une note de la Rédaction, s'exprimait au sujet de mes observations :

« Nous remercions M. Alphonse Sax de l'intéressante communication qu'il a bien voulu nous adresser, et à propos de laquelle, renvoyant à un autre jour son examen approfondi, nous ne nous permettrons pour aujourd'hui que quelques réflexions.

» L'usage des instruments à vent a toujours été regardé comme pouvant déterminer la phthisie pulmonaire. Mais, comme l'a très-bien dit notre correspondant, ce fait est-il bien prouvé, et de quelques cas particuliers n'aurait-on pas déduit une règle générale ? En présence des observations de M. Sax, nous serions presque tenté de le croire.

» Pourquoi *l'usage modéré* des instruments à vent, loin d'être classé dans le chapitre de l'étiologie de l'affection tuberculeuse, ne serait-il point, au contraire, considéré comme un moyen prophylactique très-efficace ? N'a-t-on point, en effet, conseillé les inspirations prolongées et fréquemment répétées, pour obtenir le développement des parois thoraciques et, partant, celui du parenchyme pulmonaire ?

» L'appareil à air comprimé, dont on a, dans certaines villes, tant usé (et peut-être un peu abusé), n'est-il pas employé pour atteindre le même but ? Nous croyons devoir appeler toute l'attention de nos confrères sur la question soulevée par l'intelligente initiative de M. Alphonse Sax. »

Un tel appel ne pouvait manquer d'être entendu, et, comme je m'y attendais, l'examen sérieux auquel se livrèrent quelques savants médecins vint donner raison à mes propositions. On pourra s'en convaincre par la seule lecture des pièces réunies à la fin de cette brochure, à titre de documents. Ils contiennent, j'ose le dire, au point de vue théorique, le dernier mot de la question.

En ce qui touche à l'application, je ne contesterai jamais que des instruments de cuivre mal construits, par conséquent durs à jouer, ne constituent un véritable supplice pour l'exécutant et ne puissent déterminer chez lui des accidents plus ou moins graves. Il n'en est pas de même, par contre, des instruments bien faits, qui ne fatiguent nullement l'artiste ou tout au moins diminuent singulièrement cette fatigue. La cause du premier fait est que les vibrations, qui, dans un instrument parfait, s'étendent longitudinalement, se produisent transversalement dans un instrument de construction défectueuse : de là, impression désagréable ressentie par le système nerveux. C'est la connaissance de ce principe qui a provoqué mes constantes recherches et donné lieu aux modifications et aux améliorations introduites par moi dans la fabrication des instruments de cuivre.

Je pourrais borner ici ce que j'ai à dire des avantages de la musique par rapport à la santé de la femme ; mais je ne saurais résister au désir de corroborer d'un dernier exemple ce que j'en ai écrit déjà. C'est par moi-même, et au milieu de mes élèves, qu'a été recueillie l'observation suivante.

Une d'entre elles, jeune femme d'une constitution ordinaire, se trouvait en état de grossesse. Après quelques mois d'études assidues qui n'avaient aucunement troublé les progrès de la gestation, le terme de délivrance approchant, je dus, pour mettre ma responsabilité à couvert, exiger la suspension des études, bien que j'eusse intérieurement la conviction profonde que le jeu du cornet à pistons ne pouvait exercer, dans cette circonstance, qu'une action favorable.

Après quelques jours d'interruption, on m'adressa de

si vives supplications, on me demanda avec tant d'instances la reprise des études afin de ne pas perdre le fruit acquis par le travail, que je consentis, à la condition expresse qu'une déclaration écrite constaterait, à cet égard, la libre et formelle volonté de mon élève et de son mari. Cela posé, les études furent reprises et continuées jusqu'au jour même de l'accouchement. Or, jamais délivrance ne fut plus heureuse sous tous les rapports, jamais enfant ne fut doué d'une plus belle santé, ni une mère relevée en moins de temps (1).

Ce fait seul, évidemment, parle beaucoup plus haut que je ne saurais le faire en faveur du système que je m'efforce de préconiser. Il n'affirme pas seulement d'une manière irrécusable la puissance hygiénique de la musique, il prouve surtout que la santé de la femme n'a rien à redouter de l'usage des instruments de cuivre, et qu'elle n'en doit attendre, au contraire, que de salutaires effets. C'est, on se le rappelle, ce que je me suis proposé de démontrer dans cette partie de mon travail sur les orchestres féminins.

III.

Après avoir fait la preuve de l'influence hygiénique, non-seulement de la musique, mais aussi des instruments de cuivre, après avoir reconnu, avec des autorités dont la compétence ne saurait être déclinée, que la gymnastique des poumons réalisée par l'usage de ces instruments est un exercice des plus favorables au développement des organes respiratoires, de qui dépend la constitution pec-

(1) Voir les documents à la fin de cette brochure, pages 82 et 83.

torale de l'individu, la question d'hygiène est évidemment résolue dans le sens de l'admission des femmes dans les orchestres. Laissons donc de côté cette question et passons à l'examen de celle que, vu son importance relative, je me suis imposé la tâche d'examiner en second lieu.

Ce que je vais dire, ce que je n'hésite pas à affirmer avec toute l'énergie d'une conviction profonde, c'est que, de l'étude des instruments à vent par la femme et de l'introduction de celle-ci dans les orchestres, résulterait un avantage dont, au point de vue de la morale, la société tout entière n'aurait qu'à se féliciter.

Il suffit, pour en être absolument convaincu, de jeter un rapide coup d'œil sur l'état actuel de la société, de manière à démêler la part faite à la femme dans les choses ordinaires de la vie, le rôle qu'elle joue dans la plupart des circonstances et le résultat auquel elle arrive, pour ainsi dire, fatalement.

Que voyons-nous, en effet, quand nous pénétrons dans les classes moyennes de la famille humaine, pour ne parler que de celles-là, les plus intéressantes, puisque ce sont et les plus nombreuses et aussi celles qui souffrent le plus ? L'accaparement par l'homme, au détriment de la femme, non-seulement de la toute-puissance dans la famille et dans la cité, mais encore de toutes les fonctions qui assurent l'existence et le bien-être. Sous prétexte de garder généreusement pour lui seul les rudes travaux, les périls, les charges de toute espèce, les lourdes responsabilités, les luttes incessantes; n'ayant, en apparence, d'autre but que de faire à sa compagne une vie douce et calme, exempte de fatigues et de conflits, qui allie à la paix de l'âme le repos du corps, l'homme a tout envahi, tout monopolisé. Si bien qu'aujourd'hui, et cette situation déjà ancienne n'a fait qu'empirer avec le temps, la femme n'a plus rien. Les éléments du travail même sont arrivés à lui faire presque complétement défaut, ce qui, dans les grands centres, a jeté les trois quarts de ces malheureuses créatures inoccupées dans le désordre et le vice. Les plus courageuses, les plus énergiques finissent, à de rares exceptions près, par succomber devant l'insuffisance des salaires. Il leur est impossible de vivre du produit d'une journée consacrée sans relâche au travail et doublée quelquefois de la nuit! Une faible catégorie, qui s'occupe de travaux spéciaux d'une exploitation très-restreinte, parvient à grand'peine à se suffire à elle-même. Les jeunes personnes avaient encore, autrefois, une ressource qui leur manque aujourd'hui : elles trouvaient de l'emploi dans les magasins de nouveautés. Elles ont été expulsées par ces employés du commerce, formant un contingent très-considérable, qu'on désigne vulgairement sous le nom de *calicots*. Enfin, l'homme s'est substitué à la femme jusque dans les travaux d'aiguille ; il s'est fait tailleur, arrachant ainsi à la partie féminine, qui a le plus besoin de travailler, le dernier moyen de gagner honnêtement un morceau de pain. Plus tard, comme pour couronner l'œuvre, sont venues les machines à coudre, qui ont complété le désarroi.

Je ne veux point insister sur ce qu'a de navrant un tel état de choses; les meilleurs esprits, des penseurs beaucoup plus autorisés que moi, en ont sondé les profonds abimes, et personne n'oserait nier qu'il soit urgent de remédier le plus possible à un mal qui va chaque jour croissant.

Pour ma part, je ne vois rien de mieux que de pousser la femme vers l'orchestre. Là, en effet, il y a pénurie de sujets, et, Paris excepté, il n'est pas en France une seule ville importante qui ne soit obligée d'emprunter à l'étranger des musiciens, principalement en ce qui concerne les instruments à vent.

Qu'on ne s'y trompe pas : ce que je dis n'est nullement une plaisanterie; je n'ai point pris la plume pour le stérile plaisir de plaider une thèse utopique. Je parle très-sérieusement, et, en mon âme et conscience, je ne saurais avoir d'autre intention que de mettre en avant, autant qu'il est en moi, des propositions utiles et pratiques.

Tout naturellement, on le conçoit, je me suis demandé si de sérieuses considérations ne pourraient pas s'opposer à l'introduction des femmes dans les orchestres? Par exemple, ne seraient-elles pas, sous ce rapport, moins aptes que les hommes? Évidemment non. Le petit nombre de sujets féminins qui s'adonne aux instruments à cordes y réussit merveilleusement. Pourquoi donc les femmes ne réussiraient-elles pas aussi bien sur les instruments à vent? L'étude en est de beaucoup moins compliquée, moins longue, moins pénible; elle est, en outre, ainsi que je l'ai dit plus haut, infiniment préférable, et, détail qui n'est pas sans valeur, l'achat des instruments se trouve beaucoup mieux à la portée de tous.

Ah! j'entends bien... Le préjugé, la routine!... Cela ne s'est jamais fait, ne s'est jamais vu jusqu'ici?... Mais, ni les chemins de fer, ni la télégraphie électrique, ni même le gaz d'éclairage n'étaient connus au siècle dernier. Etait-ce alors une raison pour repousser ces précieuses conquêtes de la science? Personne n'oserait soutenir une pareille thèse. Dans les commencements de la scène dramatique et lyrique, en France, les femmes ne montaient pas sur le théâtre, « sur les planches, » comme on disait déjà. Cela paraissait d'une indécence inqualifiable. Ainsi le voulaient le préjugé, la routine, et il fallut de longues années pour faire admettre par l'opinion cette vérité : qu'il n'y avait là rien qui pût sérieusement blesser la morale, et que l'art n'avait qu'à y gagner. Il en fut de même pour la danse. Demandez aujourd'hui à n'importe quel amateur de l'art chorégraphique ce que serait l'Académie impériale de danse, si l'on en retranchait l'élément féminin ! Et, puisqu'il n'y a pas d'inconvénient à ce que les femmes chantent, dansent, et jouent sur la scène, publiquement, des instruments à cordes, quel mal pourrait-il y avoir davantage à ce qu'elles fissent, à l'orchestre, les parties d'instruments à vent? Qu'on me donne, à ce sujet, une seule bonne raison, et je passe condamnation. Les imprimeries, qui n'avaient jusqu'ici reçu que des hommes, ne commencent-elles pas à accepter aussi des femmes pour la composition? On peut même ajouter que cette industrie ne s'en trouve pas plus mal.

Je voudrais donc que les femmes se missent en état, par l'étude des instruments à vent, de trouver dans les orchestres les moyens d'existence honnête que leur refuse, de nos jours, toute autre espèce de travail. La morale y gagnerait ce que, par contre, y perdrait la corruption, car les victimes de la corruption n'en sont pas toutes, tant s'en faut, les victimes volontaires. Un grand nombre d'entre elles sont douées, au fond, de sentiments honnêtes, en opposition complète avec l'état d'abjection dans lequel elles sont tombées. Une position plus heureuse, des moyens de travail suffisants les eussent infailliblement soustraites aux vices honteux qui les dégradent, et il en est encore qui ne demanderaient qu'à vivre honnêtement en travaillant.

En veut-on la preuve? C'est un écrivain bien connu et justement consulté quant aux questions d'art, M. Achille Denis, qui va nous la fournir. Voici ce qu'il racontait, il y a quelque temps :

« Mlle Chupin était inspectrice de la prison Saint-

Lazare où l'on enferme les femmes de mauvaise vie. Elle y connut d'immenses misères, et ce qui est plus triste, d'inutiles repentirs. Elle vit nombre de ces pauvres créatures, qui étaient sorties de la prison avec la ferme résolution de se tirer du vice, y retomber cependant et revenir à la prison parce que tout leur avait manqué, l'assistance, le refuge, le pain.

» Ayant quitté son emploi par suite d'une réforme dans le régime de Saint-Lazare où le gouvernement appela les sœurs de charité, Mlle Chupin se vit bientôt entourée de ces pauvres femmes à qui elle avait montré la compassion d'un cœur chrétien. Toutes lui demandaient de les aider à rentrer dans la bonne voie en leur procurant du travail et un abri, n'importe quel travail, pourvu qu'il leur donnât du pain, n'importe quel abri, pourvu qu'elles y trouvassent un peu de repos. Mais comment faire? Il fallait une maison, de l'argent, des patrons. Elle n'avait rien de tout cela, on lui demandait l'impossible.

» Enfin, un jour, l'impossible toujours subsistant ne l'effraya plus. Le 24 janvier 1854, mademoiselle Chupin ouvrit son humble appartement, ou plutôt son unique chambre, à trois de ces malheureuses qui la pressaient davantage.— « Entrez et demeurez ; nous vivrons comme » nous pourrons. » — Elle avait pour tout trésor cinq ou six francs. Voilà le commencement : le Refuge Sainte-Anne était fondé.

» Dans ce refuge, établi à Clichy-la-Garenne, la table, le costume, l'ameublement, tout est réduit à l'exiguïté extrême : le costume se compose d'une robe de bure ; le vestiaire est vide, comme la lingerie, et souvent on ne sert sur la table que du pain et de l'eau. Enfin ce serait l'aspect de la pauvreté si le beau luxe des pauvres, la propreté, ne reluisait partout.

» Voilà l'asile que viennent chercher ces femmes, autrefois oisives, livrées à la mollesse, aux excès des festins et au luxe de la toilette. L'horreur de leur abominable état, plus encore que les angoisses de la misère, les pousse au Refuge.

» Quelques-unes y arrivent couvertes d'une insolente parure, qu'elles arrachent et déchirent, plutôt qu'elles ne l'ôtent, pour revêtir le rude uniforme, en versant des larmes de repentir et de joie.

» En peu de jours, la transformation est complète. On peut remarquer, à l'extérieur, que la démarche et l'expression du visage se sont rangées selon les profondes modifications de l'âme, et que l'effronterie et la hardiesse affectées ont fait place à la modestie, révélant à l'observateur que la réforme est accomplie et que de bonnes natures égarées sont rentrées dans le devoir. »

Certes, un pareil résultat est bien fait pour encourager de généreux esprits à marcher dans la voie ouverte par mademoiselle Chupin; il est beau de rendre à la morale publique et, par conséquent, à la société, de semblables services. On l'a bien compris et reconnu en décernant à la fondatrice du Refuge des Repenties les plus grands éloges: mais peut-on dire qu'ils l'aient également compris, qu'ils aient obéi à des sentiments aussi purs, aussi désintéressés, à des considérations d'un ordre aussi élevé, ces détracteurs acharnés du projet de création des orchestres féminins, qui, par une opposition systématique, par la calomnie et l'injure sans cesse prodiguées, se sont efforcés de tuer une œuvre essentiellement humanitaire, que son but seul eût dû protéger d'avance contre toutes les attaques?

En effet, que se proposait-on en prenant l'initiative de la création d'orchestres féminins, sinon d'apporter aux femmes qui préfèrent le travail à la honte un élément fécond en ressources nouvelles, un travail honnête et attrayant, comme est attrayant tout ce qui touche à la pratique des arts? Or, je puis le dire sans hésitation aucune, s'il est réellement touchant et méritoire d'assister, de consoler, de redresser les créatures déchues, il est un travail de beaucoup plus utile encore : c'est celui qui aurait pour but de prévenir des chutes auxquelles, une fois consommées, on n'a pas toujours la faculté de remédier.

Ajoutons, en terminant cet exposé du côté moral de notre projet, que l'étude de la musique, développée et encouragée par l'organisation des orchestres féminins, ne manquerait pas d'exercer au sein de la famille une action des plus salutaires. Grâce à cet art divin, la femme acquerrait tout naturellement dans la maison une puissance nouvelle ; autour d'elle se policeraient les caractères, s'adouciraient les mœurs. Elle charmerait, civiliserait,— rôle sublime, qui lui appartient par nature, et que trop souvent elle abdique ! Qu'on nous permette, dans l'intérêt de tous, de le revendiquer pour elle !

IV.

J'ai dit que l'organisation des orchestres féminins, mesure commandée à la fois par l'hygiène et la morale, a encore ce précieux avantage de servir au plus haut degré les intérêts de l'art. Sur ce point, j'en aurai vite terminé ; car la question, en elle-même très-simple, repose sur des faits parfaitement connus et dont tout le monde peut se rendre compte sans difficulté. Je m'explique.

Que faudrait-il, par exemple,— je le demande,— pour que nos compositeurs, la plupart remarquables par leurs fortes études autant que par leurs qualités natives, possédant en outre cette dextérité de procédés usuelle à présent dans tous les arts, donnassent au public mieux que des plaisirs? Que faudrait-il pour qu'ils exerçassent leur art de telle sorte que la nation, la société entière y trouvât profit? — Une seule chose leur serait nécessaire, trésor fort rare, à la vérité, mais qu'il dépend d'eux d'acquérir, car la nature l'a généreusement placé à la portée de toutes les intelligences; ce trésor, cette condition *sine quâ non* de toute supériorité artistique, c'est la connaissance de l'âme humaine, de ses mobiles et de ses meilleures fins.

Nos grands compositeurs, assurément, ont toujours été pénétrés de cette vérité, dont le sentiment s'est fait jour à travers leurs œuvres. C'est à la science profonde dont je parle, qu'ils doivent, sans contredit, cette élévation d'idées qui a donné aux produits de leur imagination une constitution vitale capable de les porter au delà de notre génération. Mais cette qualité même serait impuissante à accomplir un pareil résultat, s'ils ne trouvaient chez les êtres appelés à interpréter leurs œuvres une étincelle de ce feu sacré qui les leur a fait concevoir. Or, on peut affirmer sans crainte que les interprètes ainsi doués sont particulièrement rares.

Les orchestres féminins, en appelant à un concours dont elle était exclue toute une moitié du genre humain, doubleront, sous le rapport du nombre, les ressources actuelles. En outre, si l'on veut bien tenir compte des qualités innées chez la femme pour l'interprétation de tout ce qui touche aux nuances délicates du sentiment, on se convaincra de suite que l'art musical devra emprunter aux orchestres féminins des éléments de succès bien autrement considérables que ceux dont il dispose pour le présent.

Il n'est pas inutile, à ce propos, de citer ici un frappant exemple de profonde pénétration musicale dû à une dame. On va voir avec quelle finesse, avec quel merveilleux instinct plutôt, elle apprécie l'exécution d'un quatuor, et quelle image à la fois ingénieuse, spirituelle, saisissante, elle sait employer pour rendre compte des impressions produites sur elle à l'audition de cette œuvre.

« En entendant les quatuors d'Haydn, dit-elle, je croyais assister à la conversation de quatre personnes aimables. Je trouvais que le premier violon avait l'air d'un homme de beaucoup d'esprit, de moyen âge, beau parleur, qui soutenait la conversation, dont il donnait le sujet Dans le second violon, je reconnaissais un ami du premier, qui cherchait par tous les moyens possibles à le faire briller, s'occupait très-rarement de soi et soutenait la conversation plutôt en approuvant ce que disaient les autres qu'en avançant des idées particulières. L'alto était un homme solide, savant, sentencieux; il appuyait les discours du premier violon par des maximes laconiques, mais frappantes de vérité. Quant à la basse, c'était une bonne femme un peu bavarde, ne disant pas grand'chose en réalité et, cependant, voulant toujours se mêler à la conversation; mais elle y apportait de la grâce, et, pendant qu'elle parlait, les autres interlocuteurs avaient le temps de respirer. On voyait, toutefois, qu'elle avait du penchant pour l'alto, qu'elle le préférait aux autres instruments, ses voisins. »

Une telle appréciation, certes, est bien faite pour donner une haute opinion des aptitudes de la femme en ce qui concerne l'art musical. Esprit et bon sens sont réunis dans ces quelques lignes.

Mais, — objecteront peut-être les adversaires de l'introduction des femmes dans les orchestres, — si aptes que l'on veuille bien reconnaître ces dernières pour ce qui est de la théorie, ne doit-on pas admettre qu'elles restent inférieures aux hommes dans la pratique? Évidemment non. Le petit nombre de sujets féminins qui s'adonnent aux instruments à cordes, celles qui cultivent le clavier, y réussissent admirablement. Nous n'avons qu'à citer, comme exemples, sans nous attacher à la grande et poétique figure de sainte Cécile, les sœurs Milanollo, les sœurs Ferni, madame Dreyfus, madame Clara Schumann, madame Pleyel, madame Escudier-Kastner, mademoiselle Starck, mademoiselle de Try, et tant d'autres. Pourquoi ne réussiraient-elles pas aussi bien sur les instruments à vent? L'étude en est beaucoup moins compliquée, moins longue et moins pénible. Autant de raisons qu'on ne saurait contester.

Résumons-nous donc sur ce point, et osons admettre qu'ayant plus de temps que les hommes à consacrer à l'étude, douées d'ailleurs de plus de patience et de ténacité, les femmes arriveront bien plus facilement que le sexe fort à exceller sur les instruments qu'elles auront choisis. Elles s'y distingueront surtout par la minutieuse observation des détails, les nuances d'expression, et, en un mot, par le fini de l'exécution. Elles sauveront de la ruine complète qui les menace le basson, le cor, la trompette, ces précieux instruments que la nouvelle organisation des musiques a, en quelque sorte, mis à l'index. Devons-nous ajouter qu'un auditoire ne perdra rien à avoir sous les yeux, au lieu de quarante ou cinquante représentants du sexe laid, autant de charmants minois féminins?

Sous ce rapport, la création des orchestres féminins, l'adoption des instruments de cuivre par la femme, profiteront encore à une branche intéressante de l'industrie, en amenant forcément la réalisation d'un progrès tout artistique. Lorsqu'on s'adresse aux femmes, il faut toujours, sous peine d'échouer, faire la part de la coquetterie ; aussi, loin de moi la pensée de leur proposer le type des instruments employés dans nos musiques militaires, lequel exposerait leurs mains délicates à un toucher grossier dont elles ne pourraient longtemps s'accommoder. Je leur réserve, au contraire, des instruments dociles qui se plieront à toutes les exigences de l'expression musicale la plus parfaite ; les nuances délicates et variées qui donnent tant de charme à l'interprétation pourront être obtenues facilement, sans effort, avec un peu d'étude seulement, mais avec beaucoup de ce sentiment intime et pénétrant qui part de l'âme et que la femme possède à un degré supérieur.

Ce but est celui que je me suis personnellement proposé d'atteindre dans la plupart de mes inventions, et dans tous les perfectionnements dont la facture des instruments de musique a été l'objet de ma part. C'est également ce résultat que j'ai obtenu, ainsi que l'ont officiellement constaté, à plusieurs reprises, les récompenses les plus élevées, qui m'ont été décernées aux expositions de France et d'Angleterre.

Quant aux progrès à réaliser dans les instruments de cuivre, en vue de leur adoption par les femmes, on en doit comprendre à la fois et les avantages et le peu de difficulté. Il est évident que la forme gracieuse, la légèreté, le concours des métaux précieux employés comme ornement, les pierreries disposées avec goût, peuvent aussi faire de ces instruments, comme d'un article d'orfévrerie, l'objet le plus capable de satisfaire aux exigences de la coquetterie et du luxe le mieux entendu. Ainsi envisagé, notre projet, on le voit, tient encore à l'art, et ce n'est pas par là qu'il se recommande le moins vivement à l'attention des hommes qu'une innovation n'effraye point.

V.

Je crois avoir assez nettement démontré, dans les paragraphes qui précèdent, l'utilité ou plutôt la nécessité de la création des orchestres féminins au triple point de vue de l'hygiène, de la morale et de l'art; j'ai, en tout cas, suffisamment indiqué les principaux avantages attachés à une pareille création, pour que l'on comprenne bien qu'un projet qui, dans mon esprit, s'appuyait sur des motifs aussi sérieux, sur d'aussi puissantes considérations, ne pouvait, au moins en ce qui me concerne, rester à l'état de pure conception. Aussi ai-je travaillé dès la première heure à la réaliser, et j'ai la conscience d'avoir mis au service de cette œuvre toute l'activité dont je suis capable.

Pour commencer, je dus naturellement faire appel au beau sexe, à son intelligence, à son courage, afin qu'il m'aidât à vaincre, par un léger effort, le sot et vieux préjugé qui le voue à perpétuité au culte exclusif du piano et, tout en faisant de ce dernier un instrument vulgaire et fastidieux, métamorphose tant de charmantes créatures en d'étiques et médiocres virtuoses. Il me fallait trouver une vingtaine de dames de bonne volonté, qui, sérieusement désireuses de me seconder, consentissent à adopter les instruments de cuivre. J'offris gratuitement, avec les instruments, des leçons qui, dans un laps de six mois, devaient me permettre d'exposer victorieusement en public ce que l'on peut faire avec un orchestre exclusivement composé de femmes. Mon appel, inséré dans la *Revue et Gazette des théâtres,* dans la *Presse théâtrale et musicale,* dans d'autres journaux encore, fut entendu bientôt, et je marchai vers le but.

C'est alors que se dressèrent devant moi, non de simples difficultés comme il s'en rencontre en toutes choses, mais de ces obstacles presque insurmontables en ce qu'il est impossible de les prévoir, cachés qu'ils sont dans l'ombre, renaissant incessamment et prenant toutes les formes pour vous arrêter. Au premier mot de ce que j'allais tenter, j'avais vu, sans pour cela me décourager, nombre de cerveaux creux et d'esprits superficiels entrer en lutte ouverte contre mon projet d'innovation. Aux petites considérations qui m'étaient opposées par ces tristes adversaires, je ne répondis que par un dédain complet, me souvenant de ces mots si justes de Voltaire : « Les petites considérations sont le tombeau des grandes choses. » C'était assez pour me donner la force de braver toutes les oppositions systématiques, les partis pris intéressés et les mauvais vouloirs.

Ma persévérance eut pour résultat d'aiguillonner de plus en plus mes ennemis, de rendre plus violentes leurs attaques. Dieu seul sait le mal que m'ont fait la haine, l'envie, la jalousie déchaînées contre moi, — passions machiavéliques habituées à ne reculer devant aucun moyen. Qui l'eût cru? C'est le moment où je donnais gratuitement tout mon temps à mes élèves pour les instruire, alors que je leur fournissais sans aucune rétribution les instruments nécessaires aux études, aidant même de mes deniers les plus nécessiteuses afin de leur permettre de suivre le cours, — c'est ce moment, dis-je, que mes adversaires mettaient précisément à profit pour agir sourdement contre moi.

Mon projet de création d'orchestres féminins, exigeant que je fisse appel aux femmes sans tenir compte de préjugés absurdes, laissait naturellement une ouverture très-favorable aux insinuations les plus perfides; on n'eut garde de négliger l'occasion. A entendre certaines gens, mon innovation n'était autre chose qu'un prétexte à orgies, ma maison était devenue un véritable sérail; ma conduite, enfin, se chargeait, chemin faisant, de fautes et de turpitudes sous lesquelles on préférait m'accabler plutôt que de les imputer à quelque homonyme moins gênant, qui eût dû légitimement les endosser. La composition, assez mêlée, de mon premier personnel féminin prêtait évidemment aux insinuations malveillantes, car il avait été impossible, au début, de ne choisir que des sujets recommandables, et le temps seul pouvait me permettre de procéder à une épuration que je désirais vivement, mais qui ne pouvait s'opérer que peu à peu, graduellement, pour ainsi dire, sous peine de perdre d'un seul coup tout le fruit de mes travaux et l'avenir de mon entreprise.

Mes ennemis étaient trop habiles pour ne pas exploiter, de toute la puissance de leur méchanceté, une pareille situation. Toujours effacés, jamais en face, insaisissables comme les spectres de Robin, implacables et lâches au delà de toute expression, ils n'épargnèrent rien pour me faire tomber, pour me tuer moralement. La calomnie adroitement maniée, les pièges de tout genre furent par eux employés, à ce point que bientôt la défense devint impossible. Les progrès du mal, gagnant chaque jour du terrain, arrivèrent même à bouleverser de fond en comble toute ma position commerciale et à compromettre grièvement mes intérêts. Mais il est un point contre lequel mes ennemis échouèrent toujours, qui resta constamment invulnérable à leurs coups, et c'est celui précisément vers lequel ils les dirigeaient : mon honneur, ma considération, ma réputation d'artiste, — trésor qu'ils n'entameront jamais, car je me flatte de le conserver intact et pur tant que je sentirai quelque chose battre dans ma poitrine.

J'avais commencé alors l'œuvre d'élimination dont j'ai parlé plus haut, enlevant ainsi à mes adversaires jusqu'au prétexte sur lequel ils fondaient leurs calomnies ; mais, en cela, m'attendaient des difficultés d'un autre ordre. Je ne tardai pas à m'apercevoir que les élèves congédiées cherchaient à entraîner dans leur retraite celles qui me restaient attachées. Pour y remédier, j'eus l'idée de leur donner à toutes un certain esprit de corps, de leur faire acquérir des habitudes d'ordre et d'exactitude ; j'eus recours, pour cela, à l'attrait de quelques rafraîchissements pris en commun après les répétitions, à quelques cadeaux utiles de confection ou autres objets de toilette, destinés à leur faire contracter peu à peu le goût d'une tenue uniforme. Grâce à ces procédés, j'obtins de jour en jour de meilleurs résultats et je pus bientôt me féliciter de n'avoir pas désespéré de mon œuvre, de n'avoir pas, comme on dit, jeté le manche après la cognée.

On se souvient que, l'année dernière, durant l'Exposition de l'art industriel organisée au Palais de l'Industrie, plusieurs jeunes filles ont exécuté, près de la vitrine renfermant mes produits, les morceaux les plus variés sur le cornet à pistons : le *Carnaval de Venise*, l'air de *Jérusalem*, des duos de *Norma* et du *Chalet*, etc., etc. Le public, d'autant plus surpris que cette audition n'avait été annoncée par aucune réclame, accourait en foule pour entendre ces jeunes et charmantes virtuoses, et, tout émerveillé, ne se retirait qu'après leur avoir prodigué des applaudissements qui témoignaient hautement en faveur de leur talent et de l'idée même dont il constituait, pour ainsi dire, la manifestation.

Cette première expérience faite sans aucune préparation, — cette première victoire, devrais-je dire, — justement appréciée par la presse dans des articles qu'on lira plus loin, n'était pas de nature à donner gain de cause à mes ennemis. Prêt aujourd'hui à montrer publiquement mon œuvre, non plus à l'état de vague projet ou d'essai timide, mais en voie de complète réalisation et d'accomplissement définitif, je puis le proclamer hautement : si rien n'a été épargné pour me faire dévier du but ou m'abattre en chemin, je n'ai rien négligé non plus pour y parvenir et j'ai enfin, en dépit de tous les efforts, la douce satisfaction de l'avoir atteint. Qui sait si ce n'est pas à mes adversaires mêmes que je dois d'avoir eu l'énergie suffisante pour triompher des obstacles ? Leur résistance a fait ma force. S'ils peuvent trouver là une consolation, elle ne sera jamais aussi complète que le bonheur que j'éprouve à mépriser, à réduire à néant leurs indignes et déshonorantes machinations.

C'est ici plus que jamais le cas de le répéter avec le poëte, qui, croyant ne parler que des lettres, a si bien décrit les difficultés qui s'amassent autour de toute idée, de toute conception nouvelle et finissent souvent par rebuter le penseur le plus convaincu, le vulgarisateur le plus persévérant :

>L'enfantement d'une œuvre est un labeur austère,
>Plein de chagrins navrants, plein d'efforts ignorés.
>Qui sait combien l'artiste, au sein de ce mystère,
>Pousse parfois au ciel de cris désespérés ?
>
>Il brise du bonheur les liens adorés ;
>Égoïste lutteur, il lutte solitaire ;
>Égoïste martyr, et martyr volontaire,
>Il cache à tous les yeux les pleurs qu'il a pleurés !
>
>Brisé par l'action et brisé par le rêve,
>Pendant le jour pendant la nuit, sans paix ni trêve,

Il se recueille, il cherche, il écoute, il pressent.
Il abrége sa vie en ce travail aride.
Pour lui, chaque pensée est le prix d'une ride,
Chaque mot est le prix d'une goutte de sang !

VI.

Les pages qu'on vient de lire étaient écrites et déjà même livrées à l'impression, lorsque deux faits se sont produits, qui doivent forcément trouver place ici, car, en même temps qu'ils constituent un premier pas fait dans la voie où j'ai entrepris de marcher, ils mènent droit à la conclusion qui doit ressortir, selon moi, de l'ensemble de cette brochure.

Le premier fait est relatif à l'influence hygiénique du jeu des instruments à vent. Mes observations, sur ce point, trouvent aujourd'hui une corroboration directe et des plus sérieuses dans la présentation à l'Académie des sciences (séance du 5 juin), pour le concours du prix de médecine et de chirurgie, d'un travail spécialement consacré à l'étude de cette importante question. Malheureusement, il n'est donné à personne de pouvoir indiquer d'avance le sort que réserve à ce travail la commission d'examen ; mais voici, à ce propos, comment le *Courrier médical*, — dans des termes dont, pour ma part, je ne saurais trop le remercier, — apprécie la théorie aujourd'hui soutenue par M. Burcq :

« Parmi les travaux adressés pour le concours du prix de médecine et de chirurgie, il en est un qui mérite de nous arrêter quelques instants. Il a pour auteur un de nos savants confrères, M. Burcq, et est intitulé : « Prophylaxie de la phthisie pulmonaire ; de l'influence bienfaisante du chant, du jeu des instruments à vent, et en général de tous les exercices bien dirigés de la voix dans cette maladie. » La lecture seule de ce titre a fait crier au paradoxe. Cependant cette méthode n'est point nouvelle, et le *Courrier médical* s'en est déjà plusieurs fois occupé. Nos lecteurs n'ont point oublié la lettre si remarquable qui nous fut adressée, à ce sujet, en septembre 1862, par M. Alph. Sax junior, l'habile facteur d'instruments de cuivre. Cette lettre fut reproduite par la plupart des journaux de musique français et étrangers, et longuement commentée par plusieurs feuilles scientifiques. Depuis lors, l'opinion de M. Alph. Sax a fait des prosélytes, et nous connaissons plus d'un médecin qui, aujourd'hui, regarde comme un préjugé l'idée émise par les pathologistes, que l'usage des instruments à vent prédispose à la phthisie pulmonaire. En effet, et sans parler de ce que pensent les docteurs Mandl, Segond, Bonnati, Gruby, Stéphen de la Madelaine, Gintrac, sur les effets que peut produire une gymnastique méthodique des voies respiratoires, personne n'ignore les succès merveilleux qu'obtient tous les jours notre illustre maître, M. le professeur Piorry, en faisant faire à ses malades, pour dilater le thorax et le parenchyme pulmonaire, des inspirations prolongées et fréquemment répétées.

» Nous ne connaissons pas encore le travail de M. Burcq, mais nous espérons que le nom de M. Alph. Sax n'aura pas été oublié. C'est à lui que revient l'honneur d'avoir soulevé le premier une question si intéressante, surtout au point de vue médical. Du reste, nous croyons savoir que M. Alph. Sax a continué ses recherches, et que les résultats en seront bientôt publiés. Il a, en outre, organisé un orchestre où ne se trouvent que des femmes jouant du cor, du cornet, du trombone, etc., et dont l'apparition fera, nous n'en doutons pas, sensation. Si donc il est un jour démontré que l'usage des instruments à vent est un moyen prophylactique de la tuberculisation, M. Alph. Sax, par ses efforts persévérants, y aura puissamment contribué.

« Mary Durand. »

Le second fait à signaler n'a pas moins d'importance que le précédent. Il marque, en effet, une phase nouvelle dans l'histoire du projet sur lequel j'ose appeler l'attention du public. Dès à présent les orchestres féminins existent : voilà ce qu'on peut hardiment proclamer aujourd'hui, car leur existence a été inaugurée avec le plus grand succès, le 6 août, au concours orphéonique d'Orbec (Calvados), par la fanfare féminine que j'ai moi-même organisée, dirigée, instruite, et, pour ainsi dire, conduit au feu. Deux médailles d'or décernées par le jury du concours, l'une à la fanfare, l'autre à son chef, témoignent hautement de l'effet produit et peuvent être considérées comme un gage d'avenir donné à l'œuvre nouvelle.

La manière dont la presse musicale de Paris a accueilli ce premier résultat est significative autant que flatteuse, et je ne puis mieux faire que de citer ici quelques-unes de ses bienveillantes appréciations ; mais je serais ingrat envers la Commission d'organisation du concours, si je ne reproduisais d'abord l'aimable lettre de son secrétaire, M. Picard, m'annonçant la récompense dont le jury a bien voulu m'honorer. Cette lettre est ainsi conçue :

« Monsieur et ami,

» J'ai le plaisir de vous adresser aujourd'hui, par le chemin de fer, la médaille d'or qui vous a été décernée à l'unanimité, comme directeur de l'orchestre féminin, par le jury du concours musical du 6 août.

» Je saisis avec empressement cette occasion de vous remercier, au nom du Comité organisateur, du bon vouloir que vous avez mis à répondre à son invitation. Ce ne sera certes pas, pour la ville d'Orbec, un de ses moindres titres de gloire que d'avoir ouvert ses portes pour les débuts de la première société instrumentale de dames, débuts qui ont été des plus heureux et qui sont un gage assuré de l'avenir le plus brillant. L'opinion des membres du jury à cet égard n'a fait que consacrer l'impression produite sur la foule des auditeurs.

» Encore une fois, Monsieur, veuillez en recevoir l'expression de notre gratitude.

» Agréez, je vous prie, l'assurance de ma sincère amitié.

» R^d Picard,

» Secrétaire de la Commission d'organisation du Concours musical.

» Orbec, 24 août 1865. »

Voici maintenant les extraits des journaux qui ont rendu compte du concours :

La France chorale.

Le concours d'Orbec a été, sans ctredit, on un des plus remarquables et des mieux organisés de la saison.

Un des principaux attraits de cette fête a été, sans contredit, la présence de l'orchestre féminin de M. Alphonse Sax junior. C'était la première fois que l'on assistait à un semblable spectacle. On n'est pas habitué à voir de jolies lèvres roses s'appuyer sur l'embouchure d'un piston, d'un saxhorn alto ou basse. Aussi a-t-on été doublement surpris d'entendre ces six charmantes dames exécuter avec un ensemble merveilleux l'air de la *Reine Hortense* qu'elles avaient choisi sans doute pour prouver que leur sexe n'est pas étranger au génie de la composition musicale. Ce premier morceau a été suivi de variations sur le *Carnaval de Venise* vivement applaudies par la masse entière du public. Et le jury, en décernant une médaille d'or, ne peut être accusé de leur avoir fait une galanterie, une gracieuseté imméritées ; il n'a fait que payer un juste tribut à leur mérite.

André SIMIOT.

Le Ménestrel.

Un fait tout nouveau vient de se produire pour la première fois dimanche dernier, à Orbec, au concours des fanfares et des orphéonistes ; c'est l'apparition de l'orchestre féminin de M. Alphonse Sax junior, venu de Paris pour concourir en division spéciale comme *fanfare féminine*. Rien n'est gracieusement original comme ces charmantes jeunes femmes exécutant le martial pas redoublé de *Partant pour la Syrie*, avec une vigueur et une sonorité toute virile ; leur jeu bien soutenu a fait l'admiration des auditeurs, ajouté un grand charme à la puissante exécution, et disposé unanimement le jury en leur faveur.

Dans le second morceau, le *Carnaval de Venise*, avec variations pour cornet à piston, leur talent aux prises, avec les nombreuses difficultés réunies dans cette composition, s'est révélé par de grandes qualités : exécution facile sans nuire à la sonorité et large développement des organes respiratoires dans les passages à longue haleine dont peu d'artistes osent affronter les fatigues en public. Les applaudissements unanimes et plusieurs fois réitérés, de nombreux bouquets jetés aux pieds des exécutantes par les dames notables de la ville d'Orbec, ont préludé à la remise de deux médailles d'or remportées par l'orchestre féminin et son directeur, M. Alphonse Sax junior.

La Presse théâtrale.

Un fait intéressant et du plus heureux augure s'est produit dimanche dernier à Orbec, où un concours d'orphéonistes et de fanfares avait été organisé.

Un orchestre féminin jouant les instruments de cuivre avec la force et la précision de la meilleure bande virile, est venu prouver une fois de plus la grande aptitude des femmes à tous les arts, à tous les exercices où l'esprit entre en partage avec le corps.

On venait d'entendre quarante sociétés d'orphéons et de fanfares fort bien dirigées et dont l'exécution a été couverte d'applaudissements, lorsque l'orchestre féminin, formé et dirigé par M. Alphonse Sax junior, est entré en lice au grand ébahissement de l'auditoire. Rien de si gracieusement original que ces jeunes et charmantes personnes exécutant le martial pas redoublé du : *Partant pour la Syrie,* avec une vigueur et une puissance de son que jamais on n'aurait attendu de poitrines réputées jusqu'ici plus faibles que les nôtres. Leur jeu, parfaitement concerté et soutenu, a fait l'admiration des amateurs et du jury et provoqué les applaudissements les plus mérités.

Dans un second morceau, *le Carnaval de Venise,* avec ses brillantes variations pour cornet à piston, les nouvelles artistes ont révélé les plus sérieuses qualités et leur grande facilité à triompher des difficultés les plus ardues. Les passages de longue haleine n'effrayent pas ces jeunes virtuoses chez lesquelles l'agilité des doigts est plus développée que chez le sexe fort, sans que pour cela la puissance du souffle soit en rien diminuée.

Au milieu de l'enthousiasme général, les dames de la meilleure société qui assistaient en grand nombre à cette fête artistique ont lancé, dans un commun élan, leurs bouquets de fleurs aux pieds des aimables exécutantes.

Le jury a décerné à l'orchestre féminin l'une des deux médailles d'or qu'il avait à distribuer aux quarante sociétés intervenues au concours.

Cette innovation prouve, comme nous le disions tout à l'heure, l'aptitude des femmes même aux exercices qui étaient réputés jusqu'ici supérieurs à leurs moyens. Elle a encore une plus grande portée : on prétend que le jeu des instruments à vent, exerçant et développant les poumons, a pour les femmes l'heureux effet de renforcer leur poitrine et de les préserver de ces défaillances, de ces maladies pulmonaires dont on cherche souvent et sans succès, le remède dans une expatriation sur les plages méridionales.

Il est vrai que cette nouvelle application du talent musical des femmes n'eût pas été possible il y a trente ans avec les engins assez rudes de nos pères. M. Alphonse Sax junior a perfectionné tout cela, et c'est grâce à la souplesse, à la douceur de ses nouveaux et remarquables instruments, que les femmes voient s'ouvrir pour elles une carrière pleine d'avenir.

Le jury du concours d'Orbec a déjà reconnu l'importance du service rendu par M. Sax, en lui décernant, outre la médaille d'or gagnée au concours par ses élèves, une seconde médaille d'or. Hommage légitime rendu à l'habile direction de cet innovateur.

L'Académie de médecine est appelée à examiner cette thèse et à sanctionner un succès déjà si éclatant. Si son suffrage est conforme à celui du jury d'Orbec et du public, M. Sax junior pourra revendiquer l'honneur d'avoir grandement contribué à améliorer les conditions sociales et sanitaires de la femme, et à fournir un nouvel élément de progrès à l'art musical.

GIACOMELLI.

On comprendra que je me dispense d'ajouter quoi que ce soit à ces excellents articles. L'œuvre des orchestres féminins, devenue un fait accompli, répondra pour moi.

Alphonse SAX (junior),

Facteur et ingénieur en instruments de musique ; — 2e prix (1838), 1er prix (1840), prix d'honneur et médaille d'or (1842), au Conservatoire royal de musique de Bruxelles ; — 1re médaille d'argent à l'Exposition nationale de Paris (1844) ; — Quinze fois breveté pour inventions ou perfectionnements, de 1848 à 1865 ; — Délégué par le gouvernement belge pour visiter l'Exposition universelle de Londres (1851) ; — Honoré, quoique n'ayant pas exposé, d'une longue et très-flatteuse mention, dans le rapport officiel du Jury international sur l'Exposition universelle de Paris (1855) ; — Désigné par le Jury pour une médaille d'or, à l'Exposition universelle de Besançon (1860) ; — Médaille unique, avec cette mention, la plus haute : « pour excellence de toute espèce d'instruments de cuivre, » à l'Exposition universelle de Londres, eu 1862 (1re édition du *Livre officiel des récompenses*) ; — Médaille d'or décernée en 1863 par le Corps savant des arts, belles-lettres, sciences et industrie, siégeant à l'Hôtel-de-Ville de Paris ; — Grand diplôme d'honneur, hors concours, à l'Exposition du Progrès de l'art industriel, Paris, 1864 ; — Médaille d'or au grand concours musical du Calvados, 1865 ; — Membre de plusieurs sociétés savantes, etc.

PIÈCES A L'APPUI.

Je ne saurais mieux appuyer l'exposé de mon projet de création des orchestres féminins qu'en réunissant ici quelques-unes des appréciations dont il a été l'objet, à ses divers points de vue, de la part d'hommes spéciaux et compétents. Quelques savants médecins ont bien voulu l'examiner sérieusement, sans parti pris aucun, et n'ont point hésité à se prononcer en faveur d'une idée qui se trouvait être en contradiction flagrante avec des théories depuis longtemps acquises, parce que personne n'avait songé à les combattre. En dehors du domaine scientifique, des publicistes estimés, de consciencieux écrivains ont loué mon initiative et, rendant pleine justice à mes intentions, ont franchement adhéré à l'œuvre humanitaire autant qu'artistique dont je me faisais le promoteur. A ces écrivains, à ces savants, je garde une sincère et vive reconnaissance, et je profite de l'occasion qui m'est offerte pour les remercier publiquement des encouragements qu'ils m'ont donnés. Si, comme on doit y compter, le triomphe de l'institution nouvelle produit, avec le temps, beaucoup de bien, ceux qui m'ont les premiers soutenu de leur approbation auront le droit d'être fiers, car ils n'auront pas peu contribué à amener le précieux résultat en vue duquel je continue de lutter.

En tête des documents sur lesquels je crois devoir appeler l'attention du public, il me faut placer une excellente étude physiologique de M. le docteur B. Lunel, directeur du *Bulletin médico-pharmaceutique*. Les réflexions qu'il contient (numéro du 1er novembre 1862), ainsi que le dit l'auteur lui-même, lui furent suggérées par ma lettre au *Courrier médical* citée à la page 40 de cette brochure. Voici cette étude :

La musique instrumentale au point de vue de l'hygiène.

Il est un fait à signaler et qui est tout à l'honneur de notre époque, c'est la tendance bien prononcée à la réalisation d'idées qui ont pour but le bonheur des hommes, leur conservation, c'est-à-dire leur perfectibilité physique et morale.

Si les premiers instituteurs des sociétés, les philosophes, les législateurs, ont fait de l'hygiène la base de leurs institutions et une partie de leur législation ; si, pour rendre leurs lois plus imposantes, ils ont fait intervenir la Divinité, reconnaissons que le sentiment de la vérité, du besoin, ainsi que la force de l'exemple, ont dû introduire les sages pratiques d'Hygie, et concluons de là, avec l'illustre Hallé, que les hommes ont été portés à se perfectionner par les pouvoirs réunis de la raison, de l'autorité et de l'habitude.

Ces réflexions nous sont suggérées par la lecture d'un intéressant article de M. Alphonse Sax junior sur la musique instrumentale au point de vue de l'hygiène, publié dans un des derniers numéros du *Courrier médical*.

Nous allons examiner la valeur des arguments exposés dans cet article par l'habile facteur d'instruments de cuivre.

M. Sax regarde comme un préjugé l'idée émise par les pathologistes : *que l'usage des instruments de cuivre prédispose à la phthisie pulmonaire;* et il s'appuie, pour détruire cette croyance, sur ces faits importants :

1º Que, dans ses nombreux rapports avec des artistes jouant des instruments de cuivre, trois seuls, à sa connaissance, sont morts de la phthisie ; encore ces derniers, la chose fut constatée, périrent-ils plutôt des excès auxquels ils se livraient que victimes de leur profession ;

2º Que, sur onze personnes de sa famille jugées phthisiques, huit périrent, en effet, mais que les trois qui sont aujourd'hui pleines de vie et de santé sont précisément celles qui, depuis leur enfance, jouent des instruments de cuivre ;

3º Que les artistes qui jouent des instruments à vent sont ordinairement robustes, vigoureux, tandis que les disciples de Paganini, de Listz, etc., se font remarquer dans les orchestres par leur faible constitution, etc.

Enfin, tellement convaincu, par expérience, des résultats heureux que peut amener pour la société l'exercice bien dirigé des instruments à vent, M. Alphonse Sax voudrait voir même les femmes s'y adonner.

Examinons rapidement les nouvelles idées émises par M. Alphonse Sax.

1° Il est certain que l'usage modéré des instruments à vent peut être considéré comme un moyen prophylactique de la tuberculisation pulmonaire, puisqu'il exige des inspirations prolongées et fréquemment répétées, moyens que le savant professeur Piorry a proposés pour obtenir la dilatation du thorax et celle du parenchyme pulmonaire. Les appareils à inhalation, à air comprimé, etc., n'ont pas d'autre but, et l'on sait que ces moyens ont été parfois couronnés de succès, alors que l'affection redoutable dont nous parlons était développée chez les malades.

Demandez aux docteurs Mandl, Segond, Bonnati, Colombat, Gruby, Stephen de la Madelaine et quelques autres savants physiologistes, si l'usage méthodique des instruments à vent et l'exercice phonique sont plus utiles que nuisibles? Tous répondront que cet exercice est des plus favorables à l'hématose, par l'action énergique et régulière qu'il imprime aux poumons.

« La respiration dans le chant, dit Stephen de la Madelaine, devant comporter une ampleur bien plus considérable que la voix n'en exige pour la parole, il en résulte trois conséquences : 1° les poumons acquièrent, par l'exercice intelligent et méthodique du chant, la faculté de contenir plus longtemps de plus grandes masses d'air ; 2° cette augmentation de vigueur et d'activité dans la respiration produit peu à peu un accroissement réel dans l'organe, qui devient moins accessible aux maladies dont il est sans cesse menacé, et la cavité thoracique se développe proportionnellement ; 3° les poumons, offrant un passage plus libre au sang qui les traverse pour arriver au cœur, impriment à la circulation un mouvement plus vif et plus régulier. »

La théorie est identiquement la même dans l'étude des instruments à vent.

Du reste, les faits cités par M. Alphonse Sax, bien que n'émanant pas d'un médecin, ont une valeur pour nous, il lui a été facile, dans sa longue pratique avec les artistes, de les observer avec soin, et ils pourraient bien, corroborés par des faits nouveaux recueillis par des médecins, démontrer une erreur répétée sans preuves concluantes jusqu'à ce jour.

2° L'observation recueillie par M. Alphonse Sax sur sa propre famille a également une certaine valeur. Onze personnes sont reconnues prédisposées à la phthisie; la prédiction se réalise fatalement pour huit d'entre elles, et les trois qui survivent sont précisément celles qui font leur profession d'artistes, jouant des instruments à vent!

3° Les artistes qui jouent des instruments à vent ont une corpulence, une vigueur, qui tranche avec celle des violonistes, des pianistes, etc.

Bien qu'il y ait quelques exceptions à cette règle, ce fait est réellement constaté partout, et il s'explique on ne peut mieux par la gymnastique des poumons qu'exige le jeu des instruments à vent. C'est le même fait qui se passe pour tous les individus exposés au grand air, pour les laboureurs, les cultivateurs, voyageurs, cochers, etc.

Par une hématose plus souvent renouvelée, plus complète, telle qu'on l'obtient par l'exercice des instruments à vent, par le chant, la déclamation, la voix acquiert plus d'étendue, de fermeté; le développement du thorax est favorisé, les fonctions circulatoires et digestives se font mieux et exercent alors une action tonique sur les autres fonctions, d'où résulte un accroissement plus rapide du système musculaire et des différents organes de l'économie.

4° Quant à la question si intéressante au point de vue physiologique, hygiénique et moral de l'étude des instruments à vent par les femmes, elle fera l'objet d'un article spécial.

La question si intéressante au point de vue physiologique, hygiénique et moral de l'étude des intruments à vent par les femmes, mérite d'être examinée spécialement dans notre Bulletin.

L'influence mécanique de la respiration sur la circulation pulmonaire a été bien étudiée par les docteurs Jules Cloquet et Isidore Bourdon.

Il y avait longtemps, du reste, que le savant physiologiste Haller avait démontré que les vaisseaux du poumon, repliés pendant l'expiration, ne laissent plus un libre passage au sang qui les parcourt.

Pour faire comprendre le rôle important de la gymnastique des poumons, entrons dans quelques détails anatomiques et physiologiques sur les fonctions de la respiration. Cet article pouvant être lu par des *artistes* serait peu compris sans les quelques notions qui suivent.

La respiration a pour objet d'introduire dans les poumons l'air atmosphérique, afin de mettre les matériaux du sang (sang veineux mêlé à la lymphe et au chyle) en contact avec cet air, pour en compléter l'hématose et donner au liquide les qualités vivifiantes propres au sang artériel.

Les divers organes qui concourent au phénomène de la respiration sont :

1° Le *pharynx* ou arrière-bouche, qui reçoit l'air de la bouche ou des fosses nasales, et le transmet au larynx;

2° Le *larynx*, qui le transmet à la trachée-artère, laquelle n'en est que le prolongement;

3° La *trachée-artère*, qui se divise en deux canaux

appelés *bronches*, lesquels, en se ramifiant à l'infini, forment les *poumons*, où l'air va purifier le sang.

Le mécanisme de la respiration est tout entier dans les mouvements successifs de contraction et de dilatation de la poitrine ou thorax, et par suite des poumons eux-mêmes, mouvements qui produisent successivement l'aspiration et l'expiration de l'air atmosphérique. Chaque mouvement respiratoire est ainsi composé de deux temps : celui par lequel l'air est introduit dans les poumons (*inspiration*), et celui par lequel ce fluide est rejeté au dehors (*expiration*). L'homme respire environ 35 fois par minute pendant la première année de la vie, 25 la seconde année, 20 à la puberté et 18 dans l'âge adulte.

La respiration fait éprouver à l'air des changements notables, qui consistent spécialement dans la perte d'une portion de son oxygène, dans la formation d'une quantité d'acide carbonique proportionnée à l'oxygène absorbé, dans le dégagement d'une certaine quantité d'eau ou de vapeur aqueuse, qui accompagne l'air expiré. On évalue à 4,500 centimètres cubes la quantité d'air contenue ordinairement dans les poumons, et à 605 centimètres cubes celle qui entre dans la poitrine à chaque inspiration, ou qui en sort à chaque expiration.

Or, que se passe-t-il dans le jeu des instruments à vent? C'est que, dans la respiration ordinaire, les muscles diaphragmes et intercostaux agissent seuls, tandis que les puissances musculaires qui déterminent l'inspiration dans le chant ou dans le jeu des instruments à vent sont : le diaphragme, les intercostaux, les surcostaux et souscostaux, les grands et petits pectoraux, le grand dentelé, les petits dentelés postérieur, supérieur et inférieur.

Que résulte-t-il de là?

Que, par une hématose plus souvent renouvelée, plus

complète, telle qu'on l'obtient par l'exercice des instruments à vent, par le chant, la voix acquiert plus d'étendue, de fermeté ; le développement du thorax est favorisé, les fonctions circulatoires et digestives se font mieux et exercent une action tonique sur les autres fonctions et sur les différents organes de l'économie.

On voit, par cette démonstration des avantages de l'hygiène instrumentale, tout le parti qu'en retireraient les dames pour le développement des organes important le plus à la conservation de la santé, à la vie. Nous savons toutes les objections qui nous seront faites, relativement : 1° à la grâce de la physionomie, 2° à la fatigue du jeu des instruments de cuivre pour les dames, 3° aux dangers de la profession d'artiste. A cela nous répondrons :

1° Que, par une bonne éducation musicale, prouvant qu'il n'est nullement nécessaire de gonfler les joues autant que le font certains musiciens, la physionomie des dames ne perdra pas plus sa grâce naturelle, que celle de ces divinités marines que nos grands peintres nous représentent soufflant dans des instruments à vent.

2° Que, par les exercices méthodiques réguliers de la gymnastique pulmonaire, il n'y aura nul désordre produit dans l'économie ; au contraire, le sang, par un mouvement plus rapide, plus souvent répété, portera à la périphérie la chaleur et la vie, et les mouvements qui sont une cause de déperdition de la névrosité exigeront qu'une alimentation proportionnelle vienne réparer les forces de l'organisme, d'où accroissement réel de toutes ses parties, robuste constitution, éloignement de toutes causes de tuberculisation pulmonaire ; en outre, régularité, état normal de toutes les fonctions, de celles même particulières à la femme.

3° Enfin sous le point de vue moral, la femme qui

obtiendra de son talent d'artiste une juste rémunération, pour quelques heures de travail, se trouvera dans une condition infiniment supérieure à celle qui doit donner douze à seize heures de son temps pour recevoir un salaire insuffisant. Ajoutons que l'ouvrière est le plus souvent obligée de quitter le matin le seuil de sa maison pour n'y rentrer qu'après le coucher du soleil, accablée de fatigues, et plus avide de repos que d'intimité. A peine connue de sa famille, de ses enfants, vivant de la vie des ouvriers, la femme perd ainsi sans retour sa douce et salutaire influence; elle porte sa part des maux de la vie commune; mais sans pouvoir les alléger.

Pour nous résumer sur la grave question soulevée par M. Alphonse Sax, disons que celui qui se livre à l'étude du chant, de l'exercice des instruments à vent, se trouve, sous le rapport de l'hygiène, de la santé, dans les meilleures conditions possibles. Loin donc de produire la phthisie pulmonaire, suivant la croyance vulgaire, ces exercices tendraient, au contraire, à prévenir cette terrible affection, et même à enrayer sa marche, lorsque les premiers symptômes se présentent; c'est là, du reste, l'opinion récente d'un des médecins les plus distingués de Bordeaux, comme nous allons le voir en terminant.

Dans une des dernières séances de l'Académie impériale de médecine, M. le docteur Henri Gintrac, professeur de clinique interne à l'École de médecine de Bordeaux, a fait connaître la relation qui peut exister entre l'étroitesse de la poitrine et le développement de la phthisie pulmonaire.

Après avoir établi :

1° Que la poitrine, chez les phthisiques, offre une circonférence moindre que chez les individus dont les poumons sont exempts de tubercules ;

2° Que cette diminution dans la largeur de la poitrine, appréciable dès le début de la tuberculisation, augmente avec les progrès de la phthisie, — le savant professeur ajoute, comme conséquence pratique de ses observations : que l'hygiène et une gymnastique spéciale des organes respiratoires doivent constituer des éléments essentiels dans le traitement prophylactique de la phthisie pulmonaire. A cet effet, dit-il, le thorax sera dilaté par des *efforts gradués d'inspiration*, etc. En un mot, il faut demander à l'acte même de la respiration le remède contre une insuffisance de développement dont les poumons subissent la funeste influence.

N'est-ce pas là la consécration des idées émises par M. Alphonse Sax, aussi profond observateur que les maîtres de l'art ?

Cette dernière phrase du travail du docteur Gintrac est la sanction pleine et entière des idées émises par M. Alphonse Sax, et nous allons le prouver.

Lorsque M. Sax a démontré, par des faits qu'il a pu bien observer, et que nous avons cités, que l'*usage des instruments de cuivre ne prédispose nullement à la phthisie pulmonaire,* comme on le croit journellement, il a servi la science, selon nous, en combattant un préjugé d'autant plus fatal, que la gymnastique pulmonaire est précisément le seul moyen de combattre les prédispositions à cette cruelle maladie.

Que d'erreurs n'a-t-on pas faites relativement à cette cruelle affection? Depuis bien longtemps, dit Thévenot, on a regardé les pays chauds comme étant très-favorables au traitement de la phthisie pulmonaire; encore un préjugé. La statistique, en effet, indique que sur 1,000 individus, il en meurt de phthisie pulmonaire :

Angleterre,	6.5	Bermudes,	8.8
Gibraltar,	6.6	Antilles,	9.5
Iles Ioniennes,	5	Cap,	5.5
Malte,	6	Sainte-Hélène,	4
Canada,	6.5	Ile Maurice,	7.7

Les phthisiques dont la santé s'est améliorée dans les pays chauds, n'ont dû la suspension de leurs accidents qu'au changement de localité.

Tous les jours on prescrit à ces malades le séjour de Nice ; c'est hâter leur fin, car cette ville présente, comme l'a démontré le docteur Champouillon, toute proportion gardée, presque autant de poitrinaires parmi ses indigènes que Paris en offre parmi les siens, c'est-à-dire un cinquième environ.

Certaines localités marécageuses ont à peu près seules le privilége d'arrêter les progrès de la phthisie tuberculeuse. Les Espagnols atteints de cette redoutable maladie vont chercher l'amélioration aux bords des marais de la Hollande, et sont souvent assez heureux pour rencontrer la guérison.

Rome est de toutes les villes italiennes celle qui semble offrir le plus de chance de longévité aux malheureux atteints de *phthisie*.

Pourquoi donc a-t-on voulu que la gymnastique du poumon développât la tuberculisation ?

Il est prouvé, au contraire, et cela est d'accord avec l'expérience acquise par M. Sax, que « l'exercice trop répété de la parole ne détermine que très-exceptionnellement la phthisie pulmonaire. C'est ce que démontrent les recherches de M. Benoiston de Châteauneuf, qui, en compulsant les causes de mortalité indiquées sur les registres de quatre hôpitaux de Paris, pour une période de dix ans, n'a *pas trouvé un seul cas de décès par phthisie pulmonaire parmi les crieurs publics, les chanteurs, et tous ceux dont la profession commande un abus prolongé des organes de la voix.* »

Ce fait a une importance immense pour appuyer la valeur des idées de M. Alphonse Sax.

Dans un ouvrage publié récemment, on a voulu grouper des chiffres tendant à prouver que la phthisie était assez fréquente dans l'armée, surtout chez les musiciens qui jouent des instruments de cuivre.

La cause de la phthisie dans l'armée tenait au méphitisme des casernes, à la fatigue des gardes à monter, aux longues factions, à une nourriture trop uniforme. Aussi, l'administration militaire, qui s'occupe avec tant de sollicitude du bien-être du soldat, a-t-elle proposé, pour diminuer les causes de la phthisie, les améliorations suivantes :

1° Il faut que le soldat soit mieux logé, car un grand nombre de casernes sont humides, adossées à des remparts et privées de lumière. Il est indispensable d'accorder au moins 30 mètres cubes d'air à chaque homme, et d'établir des ventilateurs dans toutes les chambres. Depuis qu'un meilleur système de ventilation a été introduit dans les nouvelles casernes, on a vu la mortalité diminuer d'une façon notable.

2° Le pain de soldat est très-bon et devra être conservé; mais la ration de viande doit être portée de quatre à cinq cents grammes par jour. Elle subira différentes préparations et le règlement autorisera l'achat d'une plus grande quantité de légumes.

3° Le soldat ainsi nourri n'aura pas besoin de vin. Lors de l'appel des contingents, on n'enverra pas tout d'un coup à cent cinquante lieues de leur département les jeunes soldats, mais on les placera dans les régiments qui avoisinent la partie de la France où ils sont nés. On donnera ainsi moins de prise à la nostalgie, et l'organisme des militaires se pliera plus facilement à leur nouveau genre d'existence.

La cause de la phthisie dans les corps de musique de l'armée ne tient donc nullement à l'usage des instruments à vent, mais à des conditions d'hygiène publique, que la sollicitude de l'administration s'applique à faire disparaître chaque jour.

Dans l'ouvrage que nous avons cité, nous avons dit que l'auteur avait groupé des chiffres tendant à prouver que la phthisie était assez fréquente dans l'armée, surtout chez les musiciens qui jouent des instruments de cuivre. « L'usage de ces instruments, dit-il, en déterminant des congestions sanguines pulmonaires, favorise le développement des tubercules. » Mais nous ne pouvons partager cette opinion. Que deviendrait alors la prédisposition, cet état inné qui rend l'économie sujette à contracter certaines maladies sous l'influence de causes qui seules ne la produisent pas ordinairement?

« A l'instar de toute sécrétion normale, a dit le professeur Andral, la sécrétion du tubercule est précédée, dans le poumon comme ailleurs, d'un travail de congestion sanguine active. Mais *cette congestion ne suffit pas* pour produire le tubercule. Seule, elle ne peut pas plus rendre compte de leur formation que de celle des nombreuses altérations qui peuvent frapper un organe enflammé. Pour que, sous l'influence d'une congestion sanguine, des tubercules se développent dans le poumon, *il faut qu'il y ait une prédisposition spéciale*. Souvent même on peut dire que ce n'est pas parce que la congestion survient que des tubercules se forment, mais bien parce qu'il y a tendance à la production de ceux-ci que, sous l'influence d'une cause qui nous échappe, la congestion s'établit. »

M. Alphonse Sax, en soulevant la question, si intéressante, au point de vue physiologique, hygiénique et moral de l'étude des instruments à vent par les femmes, a donc fait une chose louable et utile, car nous maintenons, après avoir examiné cette question dans nos précédents numéros, que, par une hématose plus souvent renouvelée, plus complète, telle qu'on l'obtient par l'exercice des instruments à vent, par le chant, la déclamation, la voix acquiert plus d'étendue, de fermeté; le développement du thorax est favorisé, les fonctions circulatoires et digestives se font mieux, et exercent alors une action tonique sur les autres fonctions, d'où résulte un accroissement plus rapide du système musculaire et des différents organes de l'économie.

Docteur B. Lunel.

J'ai eu, dans le cours de mon travail, l'occasion de citer le discours de réception prononcé par moi, à la Société des Sciences industrielles, Arts et Belles-Lettres, dans la séance tenue le 9 janvier 1862, sous la présidence de M. Castaing et la vice-présidence de M. le docteur marquis du Planty et de M. Thorel-Saint-Martin, avocat à la Cour impériale. Ce discours motiva de la part de quelques membres des observations dont je crois devoir reproduire ici quelques extraits :

M. LE Dr MARQUIS DU PLANTY, vice-président.—J'ai admiré, Messieurs, dans ce discours de réception, les faits cités par M. Sax, relativement à l'influence de la musique sur l'organisme. Le passage concernant Beethoven est palpitant d'intérêt, et le fait rapporté par Descuret, de la guérison d'une malade par la musique, est plein d'enseignement précieux. Voilà trente-deux ans, Messieurs, que j'exerce la médecine, et plus d'une fois j'ai pu apprécier l'importance de l'art qu'exerce M. Sax. J'en rapporterai une seule observation que m'a fournie une de mes parentes, personne aussi spirituelle que bonne musicienne. Ma belle-sœur, à la suite d'une fièvre typhoïde, était excessivement souffrante et ne pouvait supporter le moindre bruit. Elle aimait beaucoup la musique, touchait admirablement le piano. Persuadé que l'audition des sons de son instrument lui serait favorable, je lui portai quelques morceaux de musique et la pressai, la suppliai de mettre les doigts sur le clavier. Je parvins à la décider, et son attention, soutenue sur les sons qu'elle n'entendait plus depuis longtemps, produisit l'effet le plus favorable. Peu à peu le sommeil se rétablit, de même que les autres fonctions, et la convalescence, sous l'influence de cette médication, se termina par le retour à la santé.

M. Turpin de Sansay. — Je crois, Messieurs, comme l'a dit mon honorable collègue, M. Alphonse Sax junior, que la musique est relative aux tempéraments, et qu'elle est ressentie d'autant plus vivement que le sujet est plus impressionnable. Il doit en être de l'influence de cet ar sur l'organisme, comme de toutes les influences externes auxquelles est assujettie notre économie.

Le Dr B. Lunel, secrétaire perpétuel. — Le discours prononcé par M. Sax junior, Messieurs, me paraît bien conçu et bien exécuté, c'est-à-dire bien pensé et bien écrit. L'historique de la musique me paraît fidèlement tracé, la puissance de cet art sur le système nerveux bien appréciée, enfin la partie qui a trait à l'acoustique savamment raisonnée.

La partie du discours de M. Sax junior qui traite de la puissance de la musique est remplie de faits curieux, et l'exemple de la mort de Mme Malibran est heureusement choisi pour indiquer cette puissance, même sur une organisation toute particulière. En indiquant, en outre, qu'un chant méthodique, des instruments bien faits, ne fatiguent pas l'exécutant, M. Sax junior donne la raison physique (vibrations transversales) pour laquelle des instruments mal faits constituent un véritable supplice pour l'artiste.

Notre collègue n'a guère ménagé les physiciens dans son discours, et a presque renversé, à mes yeux du moins, le système des vibrations circulaires, celui relatif à la théorie des pistons, aux formes qui contournent les tubes des instruments de cuivre, à la disposition des instruments dont le pavillon est en haut; enfin, il a apprécié habilement l'artiste digne de ce nom, c'est-à-dire à l'esprit croyant, au cœur plein de sensibilité, à la volonté ferme. De tels discours, Messieurs, honorent autant notre Société que celui qui les prononce.

M. Stephen de la Madelaine, dont le nom rappelle à la fois un savant professeur, une grande intelligence artistique, un critique consciencieux et sévère, s'est prononcé ainsi, dans l'*Univers musical* (9 et 16 octobre 1862), sur la question soulevée par ma lettre au *Courrier médical* :

Etudes sur l'appareil respiratoire.

Le *Courrier médical*, auquel M. Alphonse Sax avait communiqué, comme à moi, son étude sur l'appareil respiratoire, lui a fait la réponse suivante, que nous lisons dans son numéro du 28 août :

« Nous remercions M. Alphonse Sax *junior* de l'intéressante communication qu'il a bien voulu nous adresser, et à propos de laquelle, renvoyant à un autre jour son examen approfondi, nous ne nous permettrons, pour aujourd'hui, que quelques réflexions.

» L'usage des instruments à vent a toujours été regardé comme pouvant déterminer la phthisie pulmonaire ; mais, comme l'a très-bien dit notre correspondant, ce fait est-il bien prouvé, et, de quelques cas particuliers, n'aurait-on pas déduit une règle générale ? En présence des observations de M. Sax, nous serions presque tenté de le croire.

» Pourquoi l'*usage modéré* des instruments à vent, loin d'être classé dans le chapitre de l'étiologie de l'affection tuberculeuse, ne serait-il point, au contraire, considéré comme un moyen prophylactique très-efficace ? N'a-t-on point, en effet, conseillé les inspirations prolongées et fréquemment répétées, pour obtenir le développement des parois thoraciques, et, partant, celui du parenchyme pulmonaire ?

» L'appareil à air comprimé, dont on a, dans certaines villes, tant usé (et peut-être un peu abusé), n'est-il pas employé pour atteindre le même but ? Nous croyons devoir appeler toute l'attention de nos confrères sur la question soulevée par l'intelligente initiative de M. Alphonse Sax (*junior*). »

La question soulevée par le *Courrier médical* me paraît d'une naïveté tout à fait ébouriffante ; elle montre avec quelle légèreté coupable la science, qui devrait guider l'humanité dans l'emploi régulier d'une des principales forces vitales, traite la plus importante question de la physiologie pulmonaire.

La feuille savante se demande pourquoi cette question, résolue jusqu'ici négativement, ne le serait pas affirmativement ?

C'est tout simplement parce que messieurs de l'honorable corporation des médecins parlent de ce qu'ils ne connaissent pas, et qu'ils en parlent avec le redoutable aplomb de l'ignorance. La physiologie est la science du fonctionnement des organes ; or les médecins, qui ne sont pas chanteurs, ne voient, comme on dit, que du feu dans le mystérieux travail de l'appareil respiratoire pendant l'exercice de la phonation, qui est à peu près identique, pour ce qui concerne les poumons, à celui des instruments à vent. Or, encore, les médecins n'entendent rien à la physiologie des poumons, qui est une science à part. J'en excepte les docteurs Mandl, Ségond, Bonnati, Colombat, Grübi, Cabarus et quelques autres, dont les savantes études font loi sur la matière.

Ceux-là ne se demandent pas pourquoi l'usage *modéré* des instruments à vent et l'exercice phonique ne seraient pas considérés comme utiles, au lieu d'être regardés comme nuisibles. Ils affirment très-nettement que le chant, et par conséquent l'emploi des instruments à vent, sont très-favorables à l'hématose, à cause de l'action énergique et régulière qu'ils impriment aux poumons.

Il y a dix ans qu'en ma qualité de physiologiste dûment exercé et quasi-patenté, j'ai traité cette matière dans mes *Théories complètes du chant*. Il faudrait citer le chapitre tout entier pour élucider convenablement la question ; l'extrait suivant suffira du moins pour indiquer l'argumentation qu'on pourrait employer pour donner scientifiquement gain de cause à M. Alphonse Sax :

« La respiration, dans le chant, devant comporter une

ampleur bien plus considérable que la voix n'en exige pour la parole, il en résulte trois conséquences : 1° les poumons acquièrent, par l'exercice intelligent et méthodique du chant (*le Courrier médical* dirait *modéré*), la faculté de contenir plus longtemps de plus grandes masses d'air ; 2° cette augmentation de vigueur et d'activité dans la respiration produit peu à peu un accroissement réel dans l'organe, qui devient moins accessible aux maladies dont il est sans cesse menacé, et la cavité thoracique se développe proportionnellement ; 3° les poumons, offrant un passage plus libre au sang qui les traverse pour arriver au cœur, impriment à la circulation un mouvement plus vif et plus régulier. »

Je dis un peu plus loin :

« L'influence que les mouvements de la respiration impriment à la circulation n'est point du tout une affaire d'opinion. Il y a longtemps que le célèbre physiologiste Haller a établi que les vaisseaux du poumon, repliés pendant l'expiration, ne livrent plus un libre passage au sang qui les parcourt. Les recherches d'Isidore Bourdon ont complètement démontré cette influence mécanique de la respiration sur la circulation pulmonaire. »

Et après beaucoup d'autres observations, je concluais ainsi :

« Le chanteur se trouve donc, sous le rapport de la santé, dans les meilleures conditions possibles, et le chant, loin de produire la phthisie dans certains cas, suivant les croyances *vulgaires*, tendrait plutôt à la prévenir et *même à la guérir*, lorsque les premiers symptômes se présentent. Mais on comprend que les bénéfices du travail vocal ne s'appliquent qu'aux études systématiquement et sûrement dirigées. Les autres, au contraire, peuvent amener de graves désordres dans tout l'organisme. »

Ainsi l'opinion vulgaire, c'est-à-dire celle des médecins, a tout à la fois tort et raison ; l'exercice du chant est, comme la langue, suivant Esope, ce qu'il y a de meilleur et de pire.

L'emploi des instruments à vent est dans les mêmes conditions ; il a besoin d'être dirigé avec *modération*, c'est-à dire avec méthode et prudence. Au moyen de quoi l'exercice en est définitivement avantageux pour la santé.

Quod erat demonstrandum.

Mais le sujet n'est pas épuisé ; je demande à mes lecteurs la permission d'y revenir dans le numéro prochain, et je traiterai aussi d'une seconde étude de M. Alphonse Sax sur les conséquences pratiques de son système.

M. Alphonse Sax *junior* traite l'emploi méthodique et inoffensif de l'appareil respiratoire à son point de vue, qui est celui des instruments à vent. Il a raison ; c'est son affaire. — Moi, je considère le même appareil sous le rapport de l'exercice phonique, et je n'ai point tort. — Nous avons raison tous deux, et doublement raison, puisque l'argumentation de l'un fait triompher celle de l'autre.

Dans le dernier numéro de l'*Univers musical*, j'ai posé des règles générales qui prouvent, de par la physiologie, que l'extension donnée aux poumons par les grandes respirations nécessaires au chant est pour eux la meilleure des gymnastiques. J'ai dit que l'exercice intelligent et normal du chant, loin d'être une cause de péril pour n'importe quel sujet, pouvait, dans certains cas (même celui d'un commencement de phthisie), devenir un excellent moyen curatif. Je pourrais en offrir un grand nombre de témoignages irrécusables ; je me bornerai à en citer un, que j'extrais de mes *Théories complètes du chant* :

« Les bienfaits de l'étude respiratoire sont tellement positifs, qu'ils ont fixé l'attention de la médecine, dont les tendances, en général, inclinent peu au chant ; elle en a tiré, dans plusieurs circonstances, un parti qui devrait recommander cet art à de plus sérieuses investigations.

» Le docteur Grüby, l'un des plus grands anatomistes que la France ait conquis sur l'Allemagne, fut frappé de l'importance des ressources que cette respiration, pour ainsi dire scientifique, dont je parlais dans ma *Physiologie du chant*, pouvait produire dans l'économie animale. Il me présenta une jeune fille de seize ans, unique héritière d'une grande famille alliée aux Rothschild, et dont la santé demandait des ménagements inouïs.

» Le sujet paraissait d'une faiblesse extrême ; il éprouvait des dispositions continuelles aux congestions cérébrales, par suite des désordres de la circulation. — Cet état d'alanguissement et de débilitation inspirait à juste titre de vives appréhensions pour cette précieuse existence. Le docteur Grüby, après l'examen appprofondi de la méthode en quelque sorte mécanique dont l'étude du chant demande l'application élémentaire, n'hésita pas à prescrire à la jeune malade le travail de la phonation, et je me chargeai résolûment de cette éducation délicate et tout exceptionnelle.

» Mais un obstacle, qui semblait péremptoire à l'illustre médecin, se présenta tout d'abord. La jeune fille n'avait pas le plus léger soupçon de voix à l'état de chant ; de plus, son oreille distinguait si peu la différence des sons, qu'elle continuait à répéter la même note, au lieu de monter le tou, comme je le lui demandais en l'exécutant moi-même, ou bien elle faisait entendre une note inférieure. Il y avait donc lieu de croire que, non-seulement cette voix n'existait pas sous le rapport phonique, mais qu'elle était fausse et ne pouvait obéir à aucune espèce de direction.

» Cette absence de moyens, qui devait naturellement effrayer tout autre qu'un chanteur physiologiste, ne pouvait pas m'arrêter bien longtemps. Je considérai que l'organe ne sonnait point, parce que les cordes vocales de la glotte, n'étant pas mises en vibration, ne pouvaient produire le timbre clair; je m'appliquai, avec la patience qui caractérise les études minutieuses, à faire l'éducation de la glotte; et comme la jeune demoiselle était très-intelligente, je réussis en peu de temps à établir une note de médium suffisamment sonore, puis une seconde, puis une troisième.

» Mais je marchais de difficultés en difficultés, car il me fallait habituer l'oreille à saisir la différence des sons, qu'elle percevait fort bien quand je les exécutais moi-même, et dont l'élève n'avait plus l'idée lorsque sa propre voix cherchait à les faire entendre. J'y parvins également, et enfin je réussis à faire sortir assez librement une octave et demie en voix de tête. Quant aux sons laryngiens, autrement dits notes de poitrine, je n'en obtins pas une seule qui offrît une apparence de timbre.

» L'étude des quintes me donna l'occasion d'insister sur la tenue des respirations, qui bientôt devinrent suffisantes, puis abondantes, complètes et même puissantes. J'arrivai par des gradations infinies à donner à ces poumons débiles et paresseux le ressort dont cet organe est susceptible, même chez les sujets les plus faibles, et le mécanisme finit par s'établir, plus lentement, il est vrai, que chez mes autres élèves, mais avec la même sûreté.

» En même temps que les progrès devenaient sensibles en vocale, les symptômes morbides s'effaçaient à vue d'œil, et la circulation, depuis longtemps embarrassée, reprenait son cours normal. — Au bout de cinq ou six mois, la cure était assez avancée pour permettre à la jeune fille de retourner en Allemagne, d'où elle n'était partie que dans l'espoir de rétablir sa santé.

» Il n'est pas besoin de dire que les soins dont le savant docteur entourait la jeune malade secondaient efficacement mes travaux. Je ne puis revendiquer dans ce succès que la part qui revient strictement au professeur d'après une méthode parfaitement rationnelle ; mais cette part suffit à constater les heureux résultats d'une respiration normale, telle que les chanteurs doivent l'employer.

» Je dois à cette circonstance, outre l'avantage d'une preuve décisive, des relations qui ont été précieuses à mes travaux physiologiques, et je reconnaîtrais mal les bontés du célèbre praticien dont je parle, si je ne lui offrais pas ici l'hommage de ma profonde reconnaissance pour les conseils qui ont guidé mes études, et qui m'ont permis d'approfondir la science que je n'avais fait qu'effleurer jusqu'à ce moment. »

Je mentionne, à la suite de ce passage, divers cas où les enseignements du mécanisme vocal se sont confondus avec la pathologie, en amenant des résultats décisifs et inespérés (1). J'y renvoie mes lecteurs, qui achèveront de se convaincre des vérités physiologiques dont M. Alphonse Sax *junior* et moi nous sommes faits les apôtres.

STEPHEN DE LA MADELAINE.

(1) Voir aussi *les Annales d'hygiène*, de M. Benoiston de Châteauneuf, t. IV; *les Statistiques*, de M. Lombard, de Genève, t. IX, et *l'Hygiène* du docteur Ségond, p. 28.

La *Célébrité*, journal officiel de l'Institut polytechnique (numéro du 1ᵉʳ janvier 1863), a également donné raison à mon projet dans les lignes qui suivent :

Un Belge, tout à fait Français, M. Alphonse Sax *junior*, vient de créer à Paris une école d'instruments en cuivre pour les femmes, au moyen de laquelle il compte organiser ses *orchestres féminins*. Il y a toute une question d'hygiène dans cette idée qui a certainement le mérite de la nouveauté. La science est d'accord avec M. Sax junior sur ce point. On a dit et répété que les instruments à vent étaient dangereux et prédisposaient à la phthisie pulmonaire; c'est une erreur grave. Il est certain, au contraire, que l'usage modéré des instruments à vent peut être considéré comme un moyen prophylactique de la tuberculisation pulmonaire, puisqu'il exige des inspirations prolongées et fréquemment répétées, moyens que le savant professeur Piorry a proposés pour obtenir la dilatation du thorax et celle du parenchyme pulmonaire. Ses appareils à inhalation, à air comprimé, etc., n'ont pas d'autre but, et l'on sait que ces moyens ont été employés parfois avec succès, alors que l'affection redoutable dont nous parlons était développée chez les malades.

Demandez aux docteurs Mandl, Segond, Bonnati, Colombat, Gruby, Stéphen de la Madelaine et autres savants physiologistes, si l'usage méthodique des instruments à vent et de l'exercice phonique sont plus utiles que nuisibles? Tous, sans exception, vous répondront que cet exercice est des plus favorables à l'hématose, par l'action énergique et régulière qu'il imprime aux poumons. M. Sax junior a donc bien mérité de la science et de la philanthropie en créant ses *orchestres féminins* et en fournissant surtout à la femme une occasion nouvelle de gagner honorablement sa vie en exerçant une profession honorable et libérale.

Julien de BLOCK.

Un journal non moins sérieux au fond, quoique d'une forme plus fantaisiste, le *Panurge*, disait, à la même époque (14 décembre 1862) :

Dans l'un de nos derniers numéros, nous avons effleuré en passant l'idée bizarre à première vue, lorsqu'on ne se donne pas la peine de réfléchir, que M. Sax *junior* propage et développe en apôtre inspiré.

Certes, nous avons ri de bon cœur à la pensée d'un orchestre ou d'une fanfare composée de jeunes filles armées, les unes de cornets à pistons ou de trombones, les autres de ces formidables instruments appelés par l'auteur : contre-basse-saxomnitoniques. L'étrangeté de la chose nous avait amusé, et nous ne pensions plus à ce que cette idée renfermait de beau et de moralisateur pour l'avenir, lorsque la lettre que mademoiselle *Julie-Victoire* DAUBIÉ à adressée à *miss Garett* est venue nous rappeler les idées progressistes de M. Sax.

Cette lettre, d'une jeune Française reçue l'an dernier bachelier ès lettres par l'Académie de Lyon, est un éloquent plaidoyer en faveur de la participation de la femme à l'exercice des professions scientifiques que l'homme s'est réservées exclusivement. Elle félicite et encourage la savante Ecossaise *miss Garett*, qui poursuit aujourd'hui son diplôme de docteur devant le sénat académique.

Sans aborder les graves questions que notre jeune et savante compatriote soulève dans sa lettre, nous ferons amende honorable à M. Sax, et nous nous permettrons aujourd'hui d'envisager son système au double point de vue de l'art et de la moralisation de la femme.

Certes, loin de nous la pensée d'applaudir à toutes les utopies que bien des écoles modernes ont émises sur son émancipation ; nous ne comprenons pas que la mère de famille déserte le foyer domestique pour se mêler aux agitations de la place publique. Mais pourquoi les arts et les sciences lui seraient-ils interdits? La femme n'apporte-t-elle pas à la conquête de ces connaissances des facultés bien supérieures, quelquefois, aux facultés de l'homme ; et la musique surtout n'offre-t-elle pas des délicatesses et des nuances de sentiment que les organes de l'homme ne lui permettent pas même de soupçonner?

Quel est l'observateur de bonne foi qui n'accorde à la femme cette faculté musicale qui, de l'organisme du musicien, passe dans son instrument pour aller séduire et charmer l'auditeur ?

La femme est essentiellement propre aux arts; nature impressionnable et artistique, nerveuse et délicate, elle est appelée à se faire une belle place comme virtuose. Les *Ferni*, les *Milanollo*, et bien d'autres encore, sont là pour l'attester.

Eh bien, s'il est avéré, ainsi que nos faibles connaissances pathologiques, étayées du jugement des hommes spéciaux que nous avons consultés ; s'il est avéré, disons-nous, que les instruments à vent, fabriqués intelligemment, favorisent par leur jeu le développement du thorax et de l'appareil respiratoire, et permettent leur emploi hygiénique aux poitrines les plus faibles, pourquoi ne verrions-nous pas des orchestres composés entièrement de femmes? Croyez-vous que le regard n'y gagnerait pas, sans que l'art y perdît rien, et qu'il serait disgracieux de voir un essaim de jeunes filles, vivante corbeille de fleurs épanouies, lançant dans les airs, comme un parfum enivrant, les mélodies de nos grands maîtres ?

La machine vient chaque jour arracher à la femme quelqu'un des travaux qui furent de tout temps son apanage ; la couture, la broderie, et mille autres travaux de main lui échappent, et c'est heureux. Eh bien, ouvrez-lui une nouvelle voie, si vous ne voulez qu'elle retombe dans la prostitution ; le besoin et l'oisiveté, ces deux grands pourvoyeurs de la débauche, seront écartés, et vous aurez bien mérité de la société et de l'art.

Nous entendons déjà les pessimistes s'écrier : « Mais que deviendra le foyer domestique, si la femme se livre entièrement à l'art ? Voudra-t-elle descendre aux soins de son ménage, et, quand bien même, son nouvel état lui en laisserait-il le temps ? »

Certes, quel est l'économiste qui, dans la situation actuelle de la femme vis-à-vis du travail, ne sait que le labeur de la mère de famille est de dix heures par jour, et que le salaire est rarement proportionné ; tandis que l'étude ou la profession musicale laisserait des loisirs à la mère ou à l'épouse ? Et qui oserait soutenir que l'étude journalière des chefs-d'œuvre du génie n'élève pas plus l'âme que les propos grossiers et cyniques de l'atelier ?

Non, non. Honneur à M. Sax junior, l'intelligent facteur. Nous lui souhaitons un plein succès ; et puisse-t-il bientôt démontrer aux esprits étroits l'efficacité de son système, en exhibant le gracieux et mélodieux orchestre que nous rêvons !

F. J***.

Les articles que je viens de signaler suffiront à prouver que je ne suis pas seul de mon avis, quand je soutiens que la création des orchestres féminins serait un bienfait immense, bienfait au point de vue de l'hygiène et de la morale publique. Je pourrais citer encore de nombreux journaux également favorables à cette création, mais ce serait condamner le lecteur à une incessante répétition, en termes différents, des mêmes arguments et d'appréciations identiques. Je me bornerai donc à reproduire, en terminant, quelques extraits relatifs aux premiers résultats obtenus, notamment à l'expérience qui eut lieu avec tant de succès, quoique sans préparation ni publicité d'aucune sorte, au palais de l'Industrie, en décembre 1864.

Le *Monde artiste* (17 décembre) s'exprimait ainsi :

Nous visitions dernièrement l'Exposition du progrès de l'art industriel qui a lieu en ce moment au Palais de l'Industrie, et nous avons particulièrement remarqué la belle vitrine d'instruments en cuivre de M. Alphonse Sax junior.

A l'Exposition de Londres, en 1862, cet habile facteur d'instruments de musique obtint, pour le mérite réel de ses instruments et les améliorations et perfections apportées dans leur confection, la médaille unique de l'Exposition internationale. Les remarquables travaux, aussi bien que les nombreuses et importantes innovations que M. Sax junior a introduites dans l'art de la fabrication, le recommandaient suffisamment à l'attention du jury.

Il a créé un nouveau principe de division en demi-tons des instruments de cuivre et un nouveau principe de pistons qui conserve la connicité, soit qu'il allonge ou raccourcisse le tube principal de l'instrument ; il a supprimé les coudes et les angles qui paralysaient jusqu'à un certain point la progression des ondes sonores et empêchaient la formation et le développement des nœuds de vibration ; cet habile artiste a complété l'œuvre de Stoëzel, œuvre qui, quoique étant le fruit du génie, était encore restée à l'état d'ébauche.

Déjà, lors de l'Exposition universelle de 1855, les inventions d'Alphonse Sax junior avaient eu le retentissement qu'elles méritent. C'est en raison de leur importance incontestable que le rapport officiel, bien que M. Sax junior ne fût pas exposant, lui consacre ses plus belles pages. Le jury, composé d'hommes éminents, d'artistes illustres, formula son opinion sur M. Alphonse Sax junior, qu'il ne faut pas confondre avec Sax de la maison A. Sax aîné, en termes des plus flatteurs, et M. Fétis, directeur du Conservatoire royal de musique de Bruxelles, affirme que « la combinaison résultant de l'application
» des principes de M. Sax junior est une *création nou-*
» *velle* par laquelle se trouve résolu le problème d'une
» *justesse parfaite,* et conclut en appelant sur cette ré-
» forme l'attention des facteurs d'instruments de cuivre,
» *car elle est radicale et fondamentale.* »

Nous ne saurions trop recommander aux personnes qui s'intéressent réellement au progrès de l'industrie, pour qui la musique est le plus agréable passe-temps, aussi bien qu'aux amateurs de l'art musical, d'aller visiter l'exposition de M. Alphonse Sax junior. Tout le monde intelligent se rendra compte *de visu* des utiles et heureuses innovations de cet inventeur, de cet infatigable et laborieux facteur d'instruments.

Il se trouve dans cette vitrine du Palais de l'Industrie tous les instruments de cuivre. Des dessins explicatifs facilitent encore le jugement du spectateur, qui se montrera peut-être un peu surpris de rencontrer, à côté des objets consacrés à la douce harmonie, des planches représentant de nouveaux engins de guerre et de nouveaux moteurs. Cela ne prouve-t-il pas d'une manière certaine le génie inventif et l'amour que consacre à sa patrie d'adoption M. Sax junior ?

Cet artiste, qui déjà depuis trente ans possède ses diplômes et médailles d'or comme musicien, est un heureux et habile innovateur ; il a transformé pour ainsi dire la science musicale des instruments de cuivre. Mais parmi les innovations de M. Alphonse Sax junior, ne devons-nous pas mettre en première ligne l'idée vraiment merveilleuse de la création de l'orchestre féminin ?

Nous avons entendu à l'Exposition du Palais de l'Industrie, avec un vrai plaisir, quatre jeunes filles exécuter chacune les morceaux les plus variés sur le cornet à pistons ; nous avons surtout remarqué la puissance de poitrine, la netteté des sons et la facilité d'exécution avec laquelle une d'entre elles, Mlle Emilie, a exécuté le *Carnaval de Venise* et un air de *Jérusalem*. Les autres ont joué des duos de la *Norma* et du *Chalet*. Ce début a excité au plus haut degré la curiosité, les applaudissements du public émerveillé de ce qu'il venait de voir et d'entendre.

Saint-Pol.

Le même journal, quelques jours plus tard (24 décembre), ajoutait :

Nous avons eu l'occasion d'applaudir récemment, chez M. Alphonse Sax junior, l'orchestre féminin dont il a été tant parlé dans ces derniers temps. L'effet, disons-le, a dépassé notre attente. Nous avons rencontré quatre jeunes personnes distinguées, des artistes déjà, là où nous ne pensions avoir à constater qu'un essai infructueux. Sans doute Mlle Emilie ne pourrait rivaliser avec Arban, mais elle joue juste, purement et avec goût. Elle a enlevé avec infiniment de brio des variations sur le *Carnaval de Venise*. Mlle Adélaïde n'a ni moins de grâce, ni moins de talent, que sa camarade avec laquelle elle a joué un duo sur *Norma*. Enfin, l'alto saxomnitonique chromatique à cinq pistons, Mlle Céline, possède un grand sentiment musical et toutes les qualités désirables. Mlle Lucie, jeune et jolie, joue l'ophicléide-basse saxomnitonique chromatique. De ce gigantesque instrument, elle fait sortir des sons tellement puissants et harmonieux, sans le moindre effort, qu'on en reste surpris. Un grand avenir est réservé à cette innovation. Le spectacle de ces jeunes personnes, jouant ensemble des transcriptions d'opéras, des duos, des trios et des quators, bien qu'insolite au premier abord, n'a rien que de gracieux et de séduisant. Nulle contorsion, nul effort sur ces fraîches figures ; tout au plus un peu plus de carmin naturel sur ces joues fermes et rosées. La santé paraît florissante et donne gain de cause à la théorie de M. Sax junior. Après cela, comment ne pas recommander aux dames l'usage des instruments à vent ? comment ne pas croire, en effet, avec nos autorités médicales, que cet usage constitue une excellente gymnastique des poumons, propre à fortifier les organisations les plus délicates, à rendre même la santé aux malades ? Que l'on ajoute à ces avantages hygiéniques la diffusion plus complète de l'art musical, et, pour les instruments en cuivre plus particulièrement, peut-être un développement nouveau, cette finesse, ce tact délicat qui sont dans la nature de la femme, apportés dans la pratique d'instruments dont les hommes avaient jusqu'ici le privilége, — et l'on comprendra l'intérêt qui s'attache aux expériences de M. Alphonse Sax junior, au succès desquelles a si largement contribué la perfection du système omnitonique dont il est l'inventeur.

Il ne faut pas se dissimuler que la pratique des instruments à vent est appelée à jouer un grand rôle dans l'avenir au point de vue de l'hygiène et qu'elle amènera en même temps un progrès pour l'art musical, ainsi qu'un accroissement dans la fabrication des instruments de musique.

La *Revue et Gazette des Théâtres*, dont on ne saurait nier l'autorité en matière artistique, avait constaté ainsi, dès le 27 novembre 1862, les difficultés de la lutte et les avantages remportés par moi sur mes adversaires :

Alphonse Sax a tenu parole. Il a même devancé l'époque fixée ci-dessus, si bien qu'à l'heure actuelle les cours fonctionnent régulièrement, et qu'il s'y est déjà formé un orchestre féminin, jouant, au bout de trois semaines d'études tout au plus, de petits quatuors avec un fort joli succès. Nous n'oserions pas l'avancer si nous ne l'avions entendu de nos propres oreilles. La jalousie s'est même émue de ce résultat, et plusieurs des jeunes personnes qui suivent les cours de Sax junior ont été circonvenues et sollicitées de les abandonner. C'était prévu, et les enjôleurs en ont été pour leurs frais. D'ailleurs les idées d'Alphonse Sax ont germé et font chaque jour de nouveaux adeptes. Elles ont été dernièrement l'objet d'une intéressante discussion dans une assemblée aussi nombreuse que choisie. Attaquées par un personnage haut placé, puissant, et chez qui l'autorité de la science augmentait en cette occasion l'influence, elles ont été défendues par un docteur célèbre, qui a ramené, par quelques argumentations irréfutables, l'auditoire à son opinion.

Valentin d'ORPIERRE.

N'oublions pas de mentionner, parmi les feuilles qui ont donné franchement leur adhésion au projet de création des orchestres féminins : la *Presse théâtrale et musicale ;* la *Revue musicale,* de Nice ; le *Guide musical,* de Liége ; et avant ces deux derniers organes, la *Nation*, dont un extrait complétera la nomenclature. Voici ce qu'on lisait dans son numéro du 22 mars 1863 :

Des hommes que, dans l'antiquité, l'on qualifiait de *sages*, rendirent un jour un jugement sans appel sur la femme, à laquelle ils niaient l'âme. Aujourd'hui, sans en être encore là, beaucoup la déclarent d'une essence inférieure, et l'un de nos écrivains modernes, animé d'une sollicitude intempestive, l'a représentée si *fragile*, qu'à le croire, on serait tenté de la coucher dans l'étagère parmi les choses précieuses que l'on craint d'écorner.

Voici le contraste :

Qu'il feuillette nos livres remarquables, qu'il visite nos galeries, nos musées, nos théâtres, le plus prévenu, le plus incrédule devra s'incliner à chaque pas devant les talents de la femme.

Comme les arts, la science a aussi ses élues. Une remarquable correspondance publiée dernièrement par le journal le *Temps* n'était-elle pas signée par deux femmes, — une Ecossaise et une Française, — moins vieilles à elles deux que le plus jeune de nos académiciens, auxquels elles pourraient peut-être bien tenir tête ?

Bref, n'y a-t-il pas eu de vaillantes amazones à l'instar des grands capitaines, et de sombres ou d'énergiques silhouettes historiques en regard des plus célèbres hommes d'Etat ?

Je ne songe guère à entreprendre ici une réhabilitation qui n'a plus grande raison d'être, mais plutôt à applaudir ceux qui veulent bien accorder à la femme capacité ou importance.

N'est-ce pas vraiment une initiative heureuse et spirituelle que celle d'établir pour le *sexe faible* un cours de leçons d'instruments à vent?

Santé, morale, beauté, fortune, telle est la devise déjà justifiée de cette institution nouvelle.

Certes, de même qu'une comédie sérieuse a ses parodies, l'idée de *M. Alph. Sax junior*, notre célèbre facteur d'instruments de musique, devait avoir ses caricaturistes, ses raisonneurs, ses critiques, aussi bien que ses fanatiques. Depuis cinq mois qu'il a établi son cours rue d'Abbeville, *M. Alph. Sax junior* a pu prouver déjà que le succès doit couronner son œuvre. Hier étrangères encore à tout art musical, ses adeptes exécutent aujourd'hui déjà de jolis morceaux d'ensemble. Gratuitement il leur donne les instruments, les professeurs, et se charge d'assurer une position à celles dont le talent se dessine. La spéculation n'a que faire dans cette œuvre de haute philanthropie.

Enfin il est démontré, par la pratique comme par la théorie des plus savants docteurs, que l'exercice des instruments à vent est aux poumons ce que la gymnastique est au développement du corps. Je citerai, entre autres exemples, le rétablissement d'une jeune femme soignée sans résultat dans l'un de nos hôpitaux. Sans s'inquiéter de son extrême faiblesse, M. Alph. Sax junior lui mit en mains une basse qui, en peu de temps d'exercice, dissipa le mal et rendit à cette jeune personne une santé triomphante.

Au mois de novembre 1863 aura lieu une distribution de prix, dont quelques-uns s'élèveront à mille et quinze cents francs. M. Alph. Sax fera obtenir, en outre, aux élèves qui les auront reçus des engagements de cinq ans avec appointements de 200 à 300 francs par mois.

Encore une fois, l'on ne peut qu'applaudir à de tels actes de philanthropie.

Jeanne d'ELFF.

Quelque désir que j'aie de ne pas épuiser a bienveillance de mes lecteurs, convaincu qu'ils me sauront gré de tout ce qui pourra éclairer leur religion, je n'hésite pas à joindre aux pièces qu'on vient de lire quelques lettres contenant, elles aussi, la confirmation de ce que j'ai exposé.

Les deux lettres suivantes sont l'attestation d'un fait que j'ai donné comme exemple, page 23 de la brochure :

Paris, le 10 octobre 1864.

Monsieur Sax,

Par le même courrier vous recevrez une lettre de mon mari qui m'autorise à faire partie de l'orchestre que vous avez formé.

Je suis on ne peut plus heureuse de voir qu'à présent vous n'hésitez pas à me laisser jouer, vous qui craigniez tant que mon instrument me fatigue ou m'indispose ; mais de vos craintes il n'en sera rien, car depuis que je joue dans cet instrument, moi presque toujours malade tout le temps de ma grossesse depuis trois mois passés que j'étudie, je me porte on ne peut mieux et j'arrive au dernier moment sans éprouver la moindre difficulté dans le souffle; car dernièrement ma sage-femme, venant me voir, fut étonnée du bel état de ma santé ainsi que de l'enfant que je porte et qui, grâce à mon instrument, s'est développé sans la moindre souffrance.

Maintenant me voilà heureuse, je vais passer la semaine à étudier courageusement afin que dimanche je puisse prendre place parmi mes compagnes.

Dans cet espoir, Monsieur, recevez l'assurance de mon dévouement.

Votre élève,
Pauline WEYWADA.

Paris, le 10 octobre 1864.

Monsieur Sax,

Ma femme désirant faire partie de l'orchestre féminin est autorisée par moi, son mari, à débuter dimanche prochain 16 du courant.

Je prie M. Sax, d'agréer ma profonde reconnaissance.

A. WEYWADA.

Monsieur Sax junior,

Veuillez me permettre, quoique je vous sois inconnu, de venir approuver ce que vous dites avec tant de raison, dans les articles que vous avez publiés dans la *Presse théâtrale et musicale* du 14 courant, au sujet des instruments en cuivre que vous désirez mettre entre les mains du sexe féminin.

Je vous apporte mon entière approbation et des preuves certaines qui appuieront les excellentes vérités contenues dans ces articles.

Il est parfaitement à ma connaissance que les dames peuvent avec avantage faire fonctionner les instruments de musique en cuivre; les amateurs connaissent déjà depuis longtemps Mme Joséphine qui, depuis 20, ans sonne de la trompe de chasse sans en éprouver aucune fatigue. Empêchée, par des convenances locales et les réclamations du voisinage, de jouer de son instrument, elle commença à éprouver un certain malaise qui allait grandissant et qu'elle attribuait à la privation de la gymnastique des poumons depuis qu'elle avait délaissé la trompe de chasse qu'elle considérait comme son meilleur médecin. Un peu plus tard, j'ai revu cette même dame me disant : « Je n'ai plus de trompe, mais aussi bientôt il n'y aura plus de femme, je me meurs d'ennui, » et cette pauvre artiste réduite au silence mourut peu de temps après.

Plusieurs fois des dames se sont présentées chez moi pour y recevoir des leçons sur ce noble instrument, ainsi que des jeunes filles de neuf à dix ans ; toutes ont toujours suivi les études sans jamais en éprouver aucune fatigue; mais un exemple des plus concluants sur l'hygiène du jeu des instruments de cuivre est celui d'un monsieur Toyard, que les médecins traitaient comme atteint de phthisie et lui défendaient tout exercice fatigant. Ce monsieur ayant fait choix de la trompe pour se distraire, me disait : « Cet instrument me met en appétit et, quoique condamné depuis longtemps, je retrouve en lui la vie qui m'échappe; c'est mon meilleur médecin. »

Une autre personne, M. Paget, 142, rue de la Limace, avait, avant de donner de la trompe, une douleur dans l'estomac, il nous a dit souvent: « Je n'ai jamais été mieux inspiré pour ma santé que lorsque j'ai pris la résolution de sonner de la trompe, je m'en trouve de mieux en mieux, ma douleur est presque entièrement passée. »

Maintenant, Monsieur, pour mon compte personnel, plus

j'en sonne, mieux je me porte ; il m'arrive souvent d'avoir l'embouchure aux lèvres 9 à 10 heures par jour et cela vraiment sans fatigue ; depuis 20 ans j'en fais ma profession et je me porte bien.

Recevez, Monsieur, les salutations toutes respectueuses de votre tout dévoué.

Signé : Déclair,

Professeur de Trompe de chasse, 127, rue Saint-Honoré.

Paris, le 18 septembre 1862.

Mon cher Alphonse... je viens de recevoir le *Courrier médical* dans lequel j'ai vu ton article sur l'influence des instruments à vent sur ceux qui en jouent.

Voila longtemps que j'ai fait cette observation, car depuis bientôt 40 ans que je suis premier cor au théâtre de Bruxelles, jamais je n'ai souffert de la poitrine et ne me suis jamais mieux porté que quand j'avais beaucoup à travailler, et Dieu sait si j'en ai joué de cet instrument, quelquefois 10 à 12 heures par jour. Le tout est, comme tu le dis très-bien, d'articuler avec la langue et non avec la gorge ou l'estomac ce qui tue le corniste. Effectivement tous mes élèves sont devenus des hommes forts et robustes et pourtant j'en ai eu qui étaient faibles et délicats lorsqu'ils ont commencé l'instrument. Je viens ici corroborer ce que tu as avancé avec beaucoup d'intelligence et beaucoup de vérité.

Ton vieux camarade,

Artot,

premier cor au théâtre de Bruxelles.

Bruxelles, le 7 septembre 1862.

Mon cher Monsieur Sax,

Je viens de prendre connaissance du petit *Journal médical* que vous avez eu l'obligeance de m'envoyer et où j'ai lu un article concernant les instruments à vent et leur influence sur la santé; comme je suis un exemple vivant du système dont il est question, je me fais un devoir de vous faire part de mes idées à ce sujet; j'ai déjà dit (moi, professeur des instruments de cuivre tels que piston, bugle, etc.) à plusieurs personnes les résultats que j'ai obtenus sur la santé de plusieurs élèves. Quant à ce qui me concerne personnellement, je suis musicien depuis l'âge de sept ans, c'est-à-dire depuis trente-cinq ans; je jouais du flageolet, j'étais ce que l'on peut appeler épuisé, car je ne connais pas d'instrument plus épuisant pour le souffle que le flageolet, quoiqu'on se plaise à le trouver doux à jouer.

A seize ans je crus rétablir ma santé en quittant cet instrument pour me livrer à l'étude du violon qui exige, pour arriver à un certain talent, huit et même dix heures de travail par jour; j'eus alors le système nerveux attaqué, souffrant cruellement dans les côtés, sujet aux palpitations et à de violents maux de tête. Que celui qui n'a jamais essayé de cette étude reste seulement deux heures les bras en position de violoniste et il verra quelle souffrance cette attitude lui fera éprouver. Il me vint à l'idée de prendre le jeu du cornet à piston que je voyais pratiquer sans fatigue par un de mes bons camarades; j'achète un cornet à piston et je me mets à souffler à pleins poumons : ce fut à ce moment que je commençai à me mieux porter, mais ma mère ayant toujours peur pour ma santé insista pour me faire cesser, ce que je ne fis qu'en apparence, car je soufflais en cachette.

Enfin, voyant ou croyant que je n'arriverais jamais au talent que j'ambitionnais, j'ai quitté cet instrument pour reprendre encore le violon (quant au flageolet, je ne l'avais pas complétement abandonné) et avec lui toutes les souffrances que j'avais déjà éprouvées ; j'eus ce courage pendant deux ans quand une nouvelle circonstance m'obligea à reprendre l'usage de mon piston. Je remarquai bien souvent alors que l'état d'énervement et de malaise dans lequel me laissait l'exercice du violon se dissipait promptement par la pratique du piston : deux heures d'exercice sur cet instrument me rétablissaient complétement. Cette épreuve fut renouvelée si souvent, que je dus me rendre à l'évidence en cessant l'étude du violon, ne jouant que très-rarement du flageolet et cultivant le cornet à piston à pleins poumons ; grâce à cette réforme, je suis parvenu à une si belle santé que je représente aujourd'hui un bon gros rentier, contrairement à mon état précédent de squelette habillé qui me valut l'affront du conseil de révision me déclarant trop faible de complexion pour le service militaire.

Voilà, mon cher monsieur, le résultat obtenu en ma faveur par le jeu des instruments de cuivre ; faites de l'exposé de ces réflexions ce que bon vous semblera, et je serai heureux si elles peuvent être profitables et utiles à ceux qui craignent encore de se livrer à l'étude des instruments de cuivre.

Veuillez accepter l'hommage de ma parfaite considération.

Signé : SAINT-JACOME,
Boulevard Pigalle, 12.

Paris, 11 septembre 1862.

Mon cher Monsieur Sax,

Je viens de lire dans la *Presse musicale* l'excellent article que vous venez de publier et qui a pour titre : *La musique instrumentale au point de vue de l'hygiène.*

J'avoue avoir été frappé de la véracité des idées que vous y émettez et je vous dirai que je viens d'avoir à me convaincre par moi-même de l'efficacité de ce remède comme hygiénique.

Vous savez, mon cher monsieur Sax, que depuis l'âge de treize ans j'ai toujours joué des instruments à vent et notamment du basson, instrument que j'enseignais naguère au Conservatoire royal de musique, à Liége. En 1859 j'obtins le prix de Rome au concours de composition musicale de Belgique, ce qui me força à quitter le Conservatoire pour venir à Paris compléter mes études. C'est à cette époque que j'abandonnai mon instrument pour ne m'occuper que de composition. J'eus bientôt à m'en repentir, car je ne tardai pas à remarquer en moi un changement tout à fait extraordinaire. Tous les symptômes que vous décrivez se succédèrent rapidement : je perdis l'appétit, mon estomac devint paresseux ; bref, après avoir traîné ainsi mon existence pendant un mois, je fus sérieusement malade !.... C'est alors que je réfléchis aux causes probables de cette maladie, et l'essai que je viens de faire en reprenant mon instrument, m'est un sûr garant que j'ai mis le doigt sur la plaie ; car, depuis lors, l'appétit m'est revenu, mes digestions sont plus faciles, enfin je me porte comme un charme.

Je n'ai pu résister, mon cher monsieur Sax, au plaisir de vous transmettre ici les impressions que votre ingénieux article m'a suggérées, ainsi qu'à l'occasion de vous réitérer l'expression de mes sentiments distingués.

Je reste votre tout dévoué.

Signé : TH. RADOUX.

Paris, le 8 septembre 1862.

Je laisse maintenant au public le soin de conclure, plein de confiance que je suis dans son inflexible justice et dans l'excellence de ma cause.

Alphonse SAX (*junior*).

www.ingramcontent.com/pod-product-compliance
Lightning Source LLC
LaVergne TN
LVHW050635090426
835512LV00007B/857